U0132143

古人这么疯狂

汉朝文人有点卷

急脚大师 著

华龄出版社
HUALING PRESS

图书在版编目（ＣＩＰ）数据

古人也疯狂：汉朝文人有点卷 / 急脚大师著 . ——
北京：华龄出版社，2024.5
ISBN 978-7-5169-2698-7

Ⅰ . ①古… Ⅱ . ①急… Ⅲ . ①文人 – 生平事迹 – 中国
– 汉代 – 通俗读物 Ⅳ . ① K825.4–49

中国国家版本馆 CIP 数据核字 (2024) 第 013310 号

| 策划编辑 | 常同同 | | 责任印制 | 李末圻 |
| 责任编辑 | 魏鸿鸣 | | | |

书	名	古人也疯狂：汉朝文人有点卷	作	者	急脚大师
出	版	华龄出版社 HUALING PRESS			
发	行				
社	址	北京市东城区安定门外大街甲 57 号	邮	编	100011
发	行	（010）58122255	传	真	（010）84049572
承	印	文畅阁印刷有限公司			
版	次	2024 年 5 月第 1 版	印	次	2024 年 5 月第 1 次印刷
规	格	889 mm×1194 mm	开	本	1/32
印	张	8	字	数	200 千字
书	号	ISBN 978-7-5169-2698-7			
定	价	59.80 元			

导　言

　　在大汉朝，人们从读书开始就很"卷"，为了考上全国唯一的"大学"，拼命读书、背书，考上"大学"之后，依然神经紧绷，用功学习，否则连毕业考试都过不了关。在"大学"里，不仅学生"卷"，老师也"卷"，分成了各个不同的学派。上不了"大学"的文人为了找一份像样的工作，在投递简历上绞尽脑汁，创意无限。无论是有"学历"的、没"学历"的，进入职场之后，为了能够升职加薪，有参加选拔考试的，有找关系跑官要官的，有低调务实的，有拉帮结派的，真是八仙过海，各显神通。除了学习、考试和工作，汉朝文人谈恋爱也很"卷"，想要娶到称心如意的老婆，有的人甚至不惜自我营销；想要维持长久的和谐关系，每个人都有自己的绝招。

目录
Contents

第一章 两眼一睁，开始竞争（读书卷） / 001

01 搞到一本教科书，堪比登顶珠穆朗玛峰 / 005

02 打工是业余的，学习才是专业的 / 013

03 我是第一，我怕谁？ / 018

04 天哪！毕业考试咋就这么难？ / 024

05 除了比成绩，咱还比骨气 / 028

06 开国皇帝中的"卷王" / 034

07 老师们之间的竞争也相当激烈 / 041

08 来公立学校吧，不仅给你们位子，还给面子 / 050

第二章 找工作，也是一场没有硝烟的广告战（求职卷） / 055

01 皇帝为你量身打造特种专用"豪车" / 058

02 电视剧都没有的"狗血"人生 / 063

03 想要找好工作，你得把自己打造成"爆款" / 069

04 当孝顺被演成了一场"达人秀" / 075

05 三个"顶级演员"的夸张求职路 / 085

第三章 让我在考场上亮瞎你的眼（考试卷）　　/ 099

01 超级考霸的悲催人生　　/ 102

02 他的考场答卷影响了上千年　　/ 110

03 从猪圈到人生巅峰的华丽转身　　/ 118

04 别跟我谈名气，我要的是考试成绩　　/ 124

05 人丑就要多读书　　/ 130

06 即便有个好老爸，我也不拼爹　　/ 134

07 打死我也不说　　/ 142

第四章 给喜怒无常的老板打工，我容易吗？（职场卷）　　/ 149

01 他靠一张嘴巴打天下　　/ 151

02 我来慢慢数一数，二四六七八　　/ 160

03 猜中了故事的开头，却猜不中结尾　　/ 167

04 说句公道话有错吗？　　/ 172

05 世界这么大，懒得跟你烦　　/ 180

06 你上来了，我就不怕了　　/ 190

07 友谊的小船说翻就翻　　/ 196

08 手中有"三宝"，升值快通道　　/ 202

第五章 爱情也是一颗"卷心菜"（爱情卷）　　/ 211

01 小小年纪，就想着谈恋爱　　/ 213

02 想要讨个好老婆，必须懂得策划和营销　　/ 218

03 在外是个狠角色，在内是个大暖男　　/ 225

04 她是我永远的初恋，谁也代替不了　　/ 229

05 别说了，谁也比不上我的原配　　/ 236

06 你只管狠狠地爱我，哪怕是衣来伸手饭来张口　　/ 239

参考文献　　/ 247

第一章

（读书卷）

两眼一睁，开始竞争

汉朝时期，全国只有一所大学——太学，这是世界上最早的大学，由西汉武帝设立。学校的老师称五经博士，《诗》《书》《礼》《易》《春秋》五个科目各配备一个顶级老师（博士），分五个"专业"招生，每个"专业"限定五十个学生（博士弟子）。生源主要有两个渠道：一是由太常（类似于现在的教育部）选择天下年满十八岁的少年；二是由郡县或诸侯国推荐选送，称为"如弟子"，比太常选的博士弟子地位低一些。太学实行严进严出，选拔的时候得考查你对儒家经典的熟悉程度，通常是让你背诵讲解一番。

但是，进入太学并不意味着你可以顺利毕业。选送上来的人如果很多是"残次品""劣质品"，那么负责推荐的长官会被处罚。太学平时的管理比较松散，住校也行，不住校也行。课程主要是儒家经典，你来上课也行，不来上课也行。但是，学生想要顺利毕业，却并不轻松，每年需要参加考试。

考试的方式为"射策"，就是将一堆问题逐一写在一片片的竹简上，然后密封起来，由考生随机抽取题目作答，主要考查你对所学科目的理解，不能偏离老师（博士）的讲课范围。朝廷根据考生成绩的高低，授予其不同的官职。汉武帝时期的博士弟子们的成绩只有甲乙两个等级，后来又增加了丙级。甲等的人可以担任郎中（类似于皇帝身边的"储备干部"，打打杂、抄抄字等），每科大概取前六名为甲等。将来朝廷需要用人，会重点考虑从这些人里面选。

乙等的考生可以担任太子舍人或文学掌故（中央与地方各个部门的文字工作者），丙等的只能补文学掌故（郡县或诸侯国里

的文学官）。考不及格或学习不认真的人将被开除学籍，打回老家。

在汉朝，三公、九卿、郡太守、县令虽然都由皇帝任命，但是各级政府的长官有权选拔人才协助自己，这叫"辟除"。一般是本地人优先，比如"杭州市市长"以下的一切官员（掾属、吏），都从杭州本地人当中选拔。因为中央安排不了那么多太学毕业生，不少学生毕业后，会根据籍贯被派到相应的地方担任基层干部，工作做出成绩以后，可以参加察举考试，再被推送到中央，担任重要职务。

太学的录取名额很少，全国读书人挤破头往里钻，所以，汉朝人的"卷"从读书就开始了。

01　搞到一本教科书，堪比登顶珠穆朗玛峰

在秦朝一场大型的君臣"派对"上，众人纷纷向秦始皇敬酒，马屁拍得个顶个地响亮。一向理性隐忍的秦始皇也陶醉了：你们说得一点儿都没错，我不是千古一帝，谁是？我不是天底下最"酷"的男人，谁是？

大臣周青臣端着酒杯，用他特有的大嗓门将这场吹捧推向了高潮。他大步走到始皇的面前，以超过噪声的分贝咋咋呼呼道："吾皇了不起，实在了不起。从前秦国的领土不超过千里，因为有您这样英明神武的君王，才能一举平定天下，驱除蛮人。只要太阳照射的地方，没有不称臣顺服，磕头谢恩的。您把诸侯国改成了郡县，稳定了人心，远离了战争，百姓们安居乐业。啧啧，自上古以来，这样伟大的功绩谁能比得上？啧啧，啧啧，我们生活在您的时代，真是太幸福了！"

秦始皇一向严肃的脸上露出了笑容。

"不对，你说的不对！"一个不合时宜的声音打破了和谐。大家回头一看，原来是儒生淳于越。此人精通儒家典籍，脑子却一根筋。

"哦？怎么个不对？"秦始皇疑惑地问。

淳于越放下酒杯，整了整衣襟说道："现在陛下统一天下，

就应该仿照周朝建立的分封制度，让分封在外的子弟与功臣成为自己的左膀右臂。一旦天下出现叛乱，总得有人前来帮助吧？现在朝廷不遵守古代的制度，怎么能搞好工作呢？酒席上的这帮人当面奉承您，不指出您的错误，怎么能算忠臣？"

众人不高兴了，俺们拍马屁干你何事？在喝酒娱乐的场合，难道还让我们讨论国家大事？喝酒的兴趣没了，聊天的氛围没了，一帮人咬牙切齿地看着淳于越：这老家伙活腻歪了吧？

反其道而行之的淳于越一石激起千层浪，众人纷纷扫兴离席。秦始皇心情沉重地把事情交给丞相李斯处理：你看着办！尽快拿出讨论方案，到底是分封制好，还是郡县制好？

听到消息的李斯，脸都气绿了：好你个淳于越，我好不容易推行郡县制，你却要恢复分封制，眼里还有领导吗？李斯充分发挥他超一流口才，极力劝说秦始皇，讲话的核心就是：天下必须只能有一个声音，一个权威，那就是皇帝您！让大家学习历史，只会让他们想念故国。让大家学习知识，只会让他们本事过大——万一造反怎么办？不让他们读书，不让他们思考，只让他们机械地执行。

原本只是希望深入开展"分封好还是郡县优"的学术讨论，现在变成了针对淳于越等人的批判大会，他们诽谤新制度，诋毁新领导……

秦始皇脸色犹如暴雨之前的黑云，他心里泛起了嘀咕：我刚制定政策，儒生们就跟我唱反调。长此以往，如何能够让江山永固？刚刚被我打趴下的六国贵族们最想看到的是什么？百姓们对新朝的抱怨与愤懑，对旧制度旧国家的幻想与眷恋。

那就让他们看不到自己国家的过去。具体怎么办呢？

好办！李斯提出了看似完美的解决方案：除了医药、占卜、种植一类的书，只要不是秦国史官所记的历史书，不是官家或博士们收藏而是民间所藏的《诗经》《尚书》和诸子百家的书籍，全部在三十日内上交官府并烧毁。偷偷谈论古书内容的人，处以死刑；借古时候道理抨击当前政治的人，全家处死；官吏知情不及时告发的，判处同罪；命令到达后三十天不烧毁书籍的，脸上刺字以后，罚他们去修长城；如果有人要读书，只能学习法令，只能拜各级政府的官吏为老师，不准学习古书和历史，不准拜其他人做老师。

后世把焚书坑儒放在一起，《史记·儒林列传》的说法是："及至秦之季世，焚诗书，坑术士，六艺从此缺焉。"其实两件事的影响不是一个级别。对于帝王来说，坑杀一批人只是小场面，而且并非都是儒家学者。哪个统治者手中不沾满鲜血？只不过因为儒家思想成为日后封建王朝的主流，儒生们占据了舆论的制高点，评论历史人物功过是非，完全在于他们的一支笔、一张嘴。就算你误杀了几个儒生，也不行！万一后世的帝王效仿，他们的头颅岂能保？所以他们夸大了坑儒的危害。

当年秦军坑杀的四十万赵国人以及无数的六国人，难道就比儒生低贱吗？征战六国，为什么没有被批评？何况秦始皇杀的大部分只是一些江湖术士，并非全部是儒生。秦始皇做的真正使历史倒退的事情是焚书。他烧毁的不仅仅是儒家古籍与其他书籍，而是大家读书学习、发表见解的权力。在印刷术发明之前，民间的藏书无法批量生产，只能靠手抄。任何一部书的副本都很少，原本流传于民间的书籍就是稀缺货、奢侈品，现在又是一把火，让普通人再也没有读书的机会。只有贵族及其子弟们才有条件接受教育。

当年，很多读书人冒死将书籍藏起来，或者提前将书上的内容背下来。等到汉朝建立以后，大家纷纷寻找之前的藏书，但是，很多书烂的烂，散的散。读书人只能凭借自己的记忆重新将书的内容写下来。

据记载，秦朝有一位老者，从小就特别喜欢读书，一门心思研究《尚书》（又称《书》《书经》）。他刻苦攻读《尚书》，把自己关在一个小房间里，腰上缠了一根大长绳，每学完一遍竹简，他就在绳子上打个结，直观地提醒自己读了几遍，看看到底读多少遍才能真正理解其中的意思。时间一天天过去，绳子上打满了结，他也成了秦朝末年精通《尚书》的第一人。他的名字叫伏生，是研究《尚书》的顶级专家，曾是秦始皇身边的七十个博士（不是现在的博士学历，是一种官职）之一。秦始皇焚书令下达之后，很多读书人冒死把书藏起来，有的藏在山里，有的埋在地下，有的藏在墙壁里。伏生就在自家的墙壁上掏了几个洞，把最心爱的课本——《尚书》藏在里面。后来陈胜吴广举起灭秦大旗，战乱四起，百姓东奔西跑，伏生流落他乡。秦始皇死了，秦二世完了，他依旧活得好好的。

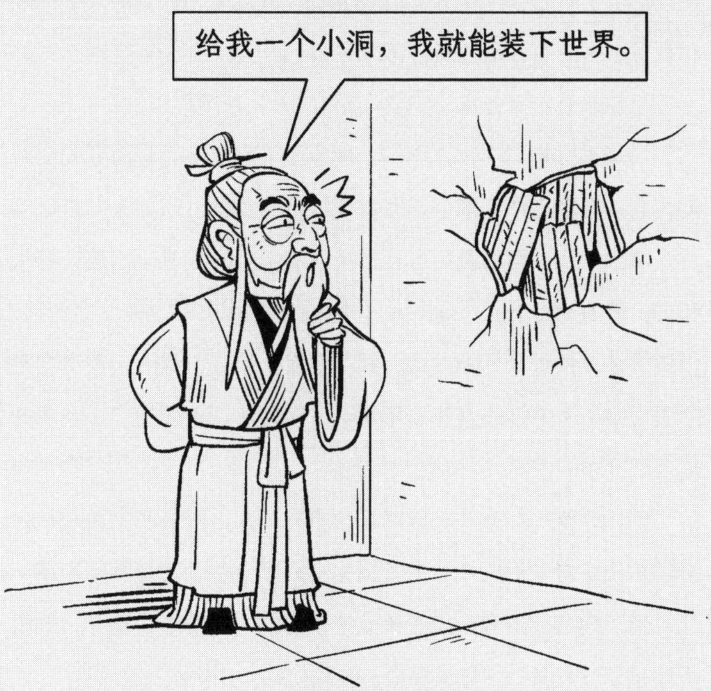
给我一个小洞，我就能装下世界。

等到刘邦统一天下后，伏生回到老家，他赶紧去掏墙壁里的书籍。因为时间太长，竹简烂的烂，坏的坏，只剩下了二十八篇。他只能凭着记忆重新抄录整理，补充完整。因为这个时候已是汉朝，大家习惯使用隶书写字，伏生也把原先用秦朝的主流文字——小篆写出来的《尚书》变成了隶书字体，所以后世称其为"今文《尚书》"。原来孔子用先秦文字编写的《尚书》，则叫"古文《尚书》"。

《尚书》指"上古之书"。相传孔子晚年把尧舜禹到先秦时期古老的历史文件、部分描写古代事迹的资料、重要人物讲话演讲汇编到一起，再认真挑选出最精华的部分，编成一本儒家的教科书，分为《虞书》《夏书》《商书》《周书》。这些文字资料，口语太多，读起来比较难懂。到了西汉，年轻一代的人别说先秦六国文字，甚至连小篆都看不懂了，即便认识上面的字，也未必能理解其中的意思。

而伏生活得时间长，经历了汉高祖刘邦、汉惠帝刘盈时代，挺进了汉文帝刘恒时代。他既懂先秦六国文字，又懂秦朝小篆，还精通《尚书》内容，成了儒家学术界的"极品老古董"。他乘机办起了《尚书》学习辅导班，生意火爆，"粉丝"众多。

秦朝虽然焚烧了民间的书籍，但国家图书馆还保存了不少禁令中的书籍。《尚书》肯定不只有伏生保存，但是，其他人即使有书也看不懂，看得懂的都死了。汉文帝听说了伏生的大名，赶紧派人征召他来中央传授整理《尚书》。

伏生却不干：我都九十多岁了，做官，没兴趣！做事，没精力！而且，坐个马车一路颠，阎王肯定请我去聊天。

面对"易碎的天价古董"，汉文帝也很无奈，既然他不来，我就让人去。他立即派"教育部"（太常）里最聪明的官员——晁错到伏生的家里接受私人订制的"《尚书》一对一"辅导课。

可是来到伏生家，晁错就傻眼了：这老头两眼昏花腿抽筋，说话声小带方言，实在听不懂啊！这叫我如何是好？

幸亏伏生的女儿——羲娥能够听懂父亲的话。于是，"三人协同作战小组"正式成立，伏生说，女儿传，晁错写，分工合作，总算把《尚书》的内容及解读完整地记录下来。虽然后来有人在孔子老房子的墙壁里发现了暗藏的《尚书》竹简，但那玩意基本没人读得懂。所以大家都说："汉无伏生，则《尚书》不传；有《尚书》而无伏生，人亦不能晓其义。"

秦始皇焚书之后，又有项羽火烧都城咸阳，很多先秦典籍都被烧毁了，儒家书籍基本上都是靠着老儒生们的"超强大脑"，以记忆与背诵方式口耳相传，由弟子们用汉朝流行的隶书写下来的经书，便叫"今文经书"。相对于今文经书，古文经书指的则是秦始皇统一中国以前写成的儒家经书。秦始皇焚书之前，很多儒生，比如伏生，冒着杀头的危险，将一些古文经书藏了起来。到了汉朝以后，人们在拆房子或者挖地窖等过程中，陆陆续续得到了很多被埋藏在墙壁或其他地方的经书。这些经书都是用先秦的各国文字写的，普通人不一定看得懂，大多献给了朝廷，放在了国家图书馆中。

所以，一般的读书人很难接触到古文经书。今文经书则成了众人比较容易得到的课本。因此，今文学派一直占据西汉学术界的主导地位，但学过古文经书的人也会时不时地跳出来，喊一喊，却没能引起众人的注意。

到了西汉末期，一个重要人物将古文经书推到了台前。

他的名字叫刘歆，他是汉高祖刘邦的弟弟楚元王（刘交）的五世孙，父亲乃是大名鼎鼎的学者刘向。刘歆一直学习今文经书，后来跟随父亲进入天禄阁（皇家图书馆、档案馆），负责整理、校订国家收藏的书籍。在这里，他发现了很多外界无法接触到的各种图书，尤其是先秦的古文经书。他如痴如醉地阅读着，心中不禁感慨：原来儒家的教材是这样的。

通过口耳相传的今文经书难免会有人为或者传抄的各种错误，每个人在传诵的时候，都会有意或无意地加入自己的理解，甚至以讹传讹，导致儒家典籍失去了原来的味道。好比厨师按照菜谱烧菜，有的人多加了盐，有的人少放了酱油，有的人自以为是地加入了香料，结果，同样一道菜，味道却不一样，流传下来的烧法也不一样。

为了让正宗的儒家典籍能够保留下来，刘歆决心整理出先秦的古文教材：《左氏春秋》《毛诗》《古文尚书》等。他也因此成了古文经学的开山鼻祖，从此以后，研究儒家学问的人又有了一批全新的教材和参考书。到了东汉后期，古文经书流派已经渐渐超越了今文经书流派。

但是，无论是古文经书还是今文经书，对于普通人而言，搞到一套书的难度，堪比登顶珠穆朗玛峰。所以，一旦能获得书籍，读书人就会利用一切可以利用的时间、条件来阅读、钻研。

02 打工是业余的，学习才是专业的

男孩在童年时期，家里一贫如洗，根本上不起学，咋办呢？旁听！去不起学校读书，就去学校干粗活。于是，他跑到地方学校毛遂自荐：我给你们烧饭、打杂，不要钱，纯义务劳动。学校管理者笑了：好事，咱们省了一笔人工费啊！

他一边打工，一边见缝插针地听课。农忙时节，他还得去田里干活做短工，即便这样却从不落下学习。挖地的时候，他将竹简挂在锄头把上；休息的时候，他打开竹简看上几行，背诵其中的句子，揣摩书本的意思。此人便是成语"带经而锄"的主人公——倪宽。

勤学好问的倪宽得到了西汉著名学者欧阳生的亲自授课，后来又被地方官府推荐为太学的博士弟子，跟随孔子的后代、西汉经学博士孔安国学习。为了解决学费和生活费的问题，他发挥之前学会的烧饭技术，在太学的后厨帮忙。

也许是因为一边打工，一边学习，耽误了不少精力，所以，他在高手如云的射策考试中分数不算高，但也不算低，被授予廷尉文学卒史（类似于廷尉府的文件起草与管理员）。当时，廷尉长（中央最高司法审判机构长官，主管诏狱和修订律令，类似于司法部部长）乃是张汤，他是靠着熟悉法律、执法严厉而一步步

升迁上来的，主张推行以严刑酷法来治理国家，重用的基本都是刑法类人才。性格温和、主张仁义、反对严刑酷法的倪宽一下子成了廷尉府里的异类，被列入不受领导喜欢的黑名单，很快就被贬到北边去管理畜牧业，成了"牛羊养殖场场长"。但他并没有沉沦，而是充分发挥他年少时在田间劳动中学来的养殖技术，使牧场牛羊数量大量增加。

有一天，他正好回来汇报工作，递交年终总结，却感觉廷尉府的气氛很诡异。官员们唉声叹气，一筹莫展，时而擦着头上的冷汗，时而站起来左右徘徊。原来，廷尉府有个重要案子迟迟没法结案，几次奏报皇帝，都被打回来重改。汉武帝很生气：你们廷尉府的文字水平就这么烂吗？

"已经被打回好几次了，怎么办？再被打回，咱们不仅要下岗，脑袋还有可能搬家。"主办奏报的官员两眼一抹黑：审案子，可以用刑；写作文，小的们真不会啊！

"报告大人，倪宽前来送奏报！"有个下属说道。

"没看我在烦啊？真没眼力见儿！"主办奏报的官员不耐烦地训斥道，忽然他眼睛一亮，突然叫住了正灰溜溜转身的下属，"你说他叫倪宽？"

"对啊！就是之前被廷尉大人外放到北边管理畜牧的倪宽。"下属见长官语气突然变好，立刻讨好地笑了。

"他好像很会写文章。对，叫他来试试！写不好，咱也能找个替死鬼。"主办官员心里这样想着，马上吩咐道："快让他过来！"

看着挤满笑容的油腻大脸，听完事情的前因后果，倪宽淡淡地回答："这有何难？拿笔墨来！"不就一份报告吗！也能难倒你们这些人？

刷刷刷！眨眼之间，倪宽就把奏章写好了。众人一边朗读，一边赞叹：好文采，好功力！主办官员立刻将报告上呈廷尉张汤。

愁眉苦脸的张汤突然笑哈哈：好家伙，我们部门还有如此人才，之前大意了，大意了。他赶紧将倪宽写的奏章递上去。汉武帝看完之后，相当满意，转念一想：不对啊！廷尉府那帮大老粗能写出这样的文章吗？于是，他叫来张汤，问道："这次的奏章写得很好！谁的手笔？"

"是个叫倪宽的人写的！"皇帝就是皇帝，明察秋毫，张汤只能如实回答。

回到府中的张汤立刻找来倪宽，并给他升职加薪。倪宽从乡下"养殖场场长"升任为奏谳掾（专门起草奏章的秘书官）。张汤升为御史大夫之后，又推荐倪宽当了侍御史，掌管纠察举荐官吏的事务。学识渊博、精通典籍的倪宽经常被汉武帝叫过去讲解儒家经典，课上得深入浅出、精彩纷呈，引得龙颜大悦。

汉武帝又提拔倪宽担任中大夫，专管朝廷议论之事，后来，又让他接替张汤做了御史大夫（朝廷三大重要职位，与丞相、太尉合称"三公"）。

人红是非多，有人要来斗。

精通五经（儒家典籍《诗经》《尚书》《礼记》《周易》《春秋》的合称）的褚大不乐意了：我做"特级老师"的时候，倪宽那小

子还只是学生兼伙夫。原本皇帝心中御史大夫的最佳人选是我啊，怎么突然成了他？

我不服！

不服来辩！

汉武帝亲自出题，让两大"学术泰斗"进行辩论。倪宽引经据典，对答如流，毫无破绽。褚大张大嘴巴，干瞪眼睛，一时无语，只能低头服软。倪宽拼的不是别的，而是实力，褚大不得不承认自己学识不如倪宽。

两人的对战，成就了倪宽！

汉武帝很满意：我没看错人。他又给了倪宽一个极大的面子，让他跟随自己东巡泰山，参加封禅大典。封禅是历代皇帝们都喜欢搞的大型营销策划活动，表面上是感谢上天所赐予的保护，其实是向上天、向百姓炫耀自己的政绩如何显赫，自己作为皇帝如何厉害。最终的目的就是间接地告诉大家：我是上天派下来保护你们的，如果不听话，我就代表老天消灭你们。

倪宽成了这次封禅大典的主持人。仪式搞得轰轰烈烈，皇帝觉得非常开心：既然主持的水平这么高，再给你一个艰巨而光荣的任务——主持修改历法。倪宽又带领司马迁、公孙卿等人，夜以继日，精心测算，制订出了一部著名的历法——《太初历》。

03　我是第一，我怕谁？

孔子编写了儒家经典教科书——《诗经》，在流传的过程中，每个人都有各自的理解，于是，围绕《诗经》又出现了一系列的"解读参考书"，形成了不同的派别，比较有名的是《鲁诗》《韩诗》《齐诗》等。

《齐诗》由汉朝初年齐地（今山东桓台县）人辕固创立，凭借对《诗经》个性化、精细化的解读，他成了汉景帝时期有名的博士。他又模仿孔子，开设"私立辅导班"，传授《诗经》解读课。其中一个学生叫夏侯始昌，很有创造性，将阴阳灾异学说引入了《诗经》的解读方法中。哪里出现了自然灾害，他就会引用《诗经》中的话来解释。

自从董仲舒天人感应学说得到汉武帝的肯定与认可，能够"接通天神电话"、解释自然灾害的人受到了重用。夏侯始昌是武帝儿子的老师，他将自己的学说传给了夏侯胜、后仓等人，一代代地传下去，《齐诗》学派也越来越壮大。

萧望之出生于世代务农的家庭，爷爷、爸爸都没有做过官，世代经营田地，隐居世外，家里的物质条件不算差，还能够支持孩子们读点书。萧望之特别喜欢《诗经》，跟随后仓学习《齐诗》。他越学越感兴趣，越学越深入，成了儒学的小小专家，顺利地进入太学，跟随博士们学习儒家经典。他不局限于学习《诗经》，也会接触并研究《论语》《礼服》《鲁诗》等，成了一个博学多闻、才华横溢的人。

当时，大将军霍光的权势如日中天，他的"助理"（大将军长史）——丙吉善于发现人才，向霍光推荐了优秀的太学生王仲翁、萧望之等人。这真是千载难逢的机会，如果能被霍光看中，还需要参加毕业考试吗？还担心将来的前途吗？大家兴冲冲地前往大将军府。到了门口，看见一排排的侍卫正在搜身。当时，霍光刚刚平定了想要谋杀他的左将军上官桀等人的叛乱，便加强了戒备。凡是要见他的官民，都要脱掉衣服，接受检查。

萧望之无语了：这是什么操作？我用功读书、研究学问，就是为了被侍卫们羞辱的？见个"领导"还得脱掉衣服，被人摸来摸去，这难道就是大将军的待客之道吗？于是，他愤愤地说道："我自动退出，不想求见了。"侍卫们恼火了，大声训斥他，吵闹声惊动了霍光。得知情况之后，霍光毫无表情，只是吩咐侍卫们不得无理，让人进府。

"说说吧，为什么拒绝搜身？"

萧望之看了看高高在上的霍光，淡定地说道："将军您功高盖世，辅佐幼主。只要能礼贤下士，推行教化，天下读书人都会为您效力。现在您却如此对待想要见您的人，恐怕不是圣人们招贤纳士的态度吧？"

霍光的脸色很难看，但他克制住了心中的怒火。虽然他压制住了火气，却给出了现实的巴掌：除了萧望之，来的人都被提拔了；三年之中，王仲翁就以火箭般的速度升任光禄大夫给事中。霍光是在告诉天下人，顺我者有赏，逆我者"下岗"。

萧望之不服气：不走后门，不拍马屁，咱就没地方展示才华了吗？他拼命在太学的毕业考试中拿下了射策的甲科，顺利成为郎官。虽然考试制度不能变，毕业成绩不可改，但是分配工作可以动手脚。触犯过霍光的萧望之被分配去看守小苑东门，成了皇宫守门员。有一天，王仲翁坐着马车，前呼后拥地路过宫门，看到了守门的老同学萧望之，不免嘚瑟起来：哈哈，博学多才又如何？最后他看大门，我走大道。他指着萧望之嘲讽地说："你总是不按常理出牌，显摆个性，怎么做了看门人呢？"

萧望之瞥了一眼得意扬扬的王仲翁，淡定地甩出四个字——"人各有志"，你走你的大马路，我守我的大门口。可是，霉运来了，挡都挡不住。过了几年，萧望之又因为弟弟犯法而受到牵连，被就地免职，连看大门的资格也没了，只能回到老家当了地方上的基层小吏。但是，学识渊博的他早就把自己炼成了闪闪发光的金子，到哪里都自带光芒，后来被大臣魏相看中，收为部下。

没多久，霍光死了，他的儿子霍禹做了大司马，霍山成了尚书，霍氏家族的人依旧把持着朝廷的重要职位。萧望之在等一个机会，不是为了证明他了不起，而是要告诉大家，失去的东西，他一定要拿回来。

西汉地节三年（公元前67年）的夏天，原本热得蒸笼似的天空突然下起了冰雹，京城里人心惶惶，汉宣帝有点紧张。限于当时的科技水平，古人无法正确地解释这种不正常的天气现象，

于是，便有了各种猜测和说辞。萧望之觉得机会来了：我既懂阴阳灾异之术，又通儒家经典之学，我不解释，谁能解释？他赶紧上书：我知道为什么天空下冰雹，但是天机不可泄露，我得当面说。

这一招很奏效！早就听过萧望之大名的汉宣帝赶紧派人前往，询问情况。萧望之发挥多年所学，将冰雹事件解释成了政治事件（也是《齐诗》学派的惯用手法）。他说道："《春秋》里记载，昭公三年，鲁国也下了一场大冰雹。当时季氏专权，赶走了鲁昭公。如果之前鲁国国君能了解自然灾害发生的原因，就不会成为丧家之犬了。现在陛下您励精图治，求贤如渴，用心良苦，国家正在朝好的方向发展。但是，某些大臣独揽权力，导致天地阴阳不能协调，灾害就出现了。大树的枝叶壮大了，树干就会折断；私人的势力强大了，国家的实力就会被削弱。希望陛下能够亲自处理政务、考察群臣，营造公平环境，并废除私家权力，选拔贤才，重用能人。如此，阴阳调和，天下安定，百姓开心，上天满意，哪还有什么灾害呢？"

萧望之把自然灾害解释成了政治事件，用儒家课本里的故事来说明当今的现象，虽然太过牵强，也不科学，但是很有用，因为他击中了皇帝的软肋和担忧。

当时，汉宣帝雄心勃勃，想干事业，但他是被霍光拥立起来的。霍光健在，他只能低调行事，即便霍家人飞扬跋扈，他也只能忍气吞声。如今，霍光已死，霍氏家族却不知进退，依然把持朝政，是可忍，孰不可忍！汉宣帝早就想对他们动手了，只是一直没有找到合适的理由和机会。没想到，萧望之送来了"神助攻"。

至于这么解释灾害天气，到底对不对，符不符合科学，并不重要。重要的是，他用一本正经的故事和理由，治愈了皇帝的心病。

有时，对于皇帝来说，正确比对错、真理更重要。

汉宣帝很满意：说得好，肯定是霍家人"飞得太高"，惹怒了上天，而不是我没治理好天下。因此，萧望之又重回中央，成为谒者（陪侍皇帝、咨询政事、传达政令的官员），坐上了"升职小火车"，沿着铁轨，直道前行，接连担任谏大夫、丞相司直，一年之中，就被提拔了三次。等到霍氏家族的人因为谋反罪而被杀，萧望之也成了皇帝身边的红人，还兼任了太子的老师。

在没有印刷术的时代，课本乃是奢侈品，普通人即便得到书，也未必能够理解透彻，花钱请老师来进行"一对一辅导"，更是不可能。所以，书籍和知识基本上被读书人的家族垄断，一代传一代。而学识与文才又是进入官场最重要的资本，不管你是"拼爹"，还是考试，都需要有一定的文化基础。因此，读书人的家族如果非常重视历代子孙教育的话，很容易出现世代垄断朝廷重要官位的现象。在萧望之的影响下，兰陵（今山东省临沂市兰陵县）萧氏快速崛起，人才辈出，成为可以和琅琊王氏齐名的古代顶级门阀大族之一。所以，不仅寒门"卷"，豪门也很"卷"。

太学给家境不够富裕的子弟们提供了一个比较好的出路，但并不是每个人只要拼命学习，就能拿到甲科的，有很多人甚至毕不了业。

04　天哪！毕业考试咋就这么难？

　　太学的毕业考试很严格，有的人连续考了很多次都没通过，比如大家非常熟悉的凿壁偷光的主人公——匡衡。虽然他拼命学习，用功读书，却在太学组织的考试中连考八次不合格，最后一次才勉强合格，但也只得了丙等。

　　匡衡出身一个赤贫家庭，原本像他这样的人，是无法读书的。因为在书籍还是竹简的时代，普通人家根本买不起。但是，匡衡想到了一个办法——他跑去给有藏书的大户人家干活。

　　主人要给他发工资，匡衡摇摇头，说："我不要，能否让我借阅您家的书籍？"

　　主人惊呆了：看来是我的格局小了，你居然想读书？有志气，我家的书你随时借阅。就这样，匡衡顺利解决了书的问题。可是，看书的时间和环境的问题又来了。白天要打工，晚上没灯光。灯油对贫困家庭来说，也是奢侈品，如何买得起？忽然，窗户外灯光闪烁，原来是邻居家的灯亮了。有了，咱去借个光。匡衡在两家相邻的墙壁上挖了个小洞，让光线透过来，他靠着墙壁，拿起竹简，认真读书。这就是名扬千古的成语故事——"凿壁偷光"。

　　但这个故事有很多疑点。在邻人的墙上掏个洞，这个洞得有多大？太小，不够用；太大，会不会被人视为偷窥狂？邻居又怎么可能天天点着灯？根据汉朝人常用的"内卷"手法，我个人觉得这很有可能是匡衡的一次广告策划活动。因为想要进入太学读书，得先让人家发现并推荐你。在汉朝，没人推荐，你是没法自己报名进入太学的。在茫茫人海中，别人怎么发现你一个草根呢？你说你品德高尚，读书用功，大家怎么知道？你得先打出名气。怎么快速打出名气呢？你需要懂一点营销策划和市场运作，把自己某一方面的本领推广出去。而凿壁偷光则是一个很好的宣传故事，群众的大嘴巴会成为你的免费"小喇叭"：那个叫匡衡的人，很用功，很有学问哦……一传十，十传百，手中握有太学生推荐名额的人便会注意到你了。

由此可知，匡衡不仅用功刻苦，还很有想法。因此，他也比较顺利地进入了太学，专门学习《诗经》。可是，在高手如云的太学里，他一个来自小镇的"做题家"感受到了前所未有的压力，每次毕业考试，都考不及格。嘿，一次不行，两次；两次不行，三次……匡衡坚持不懈，百折不挠，一直考到了第九次，终于勉强达到了及格线——丙等，被补为太原郡的文学卒史（相当于地方教育局的官员，在汉朝，级别比较低）。费了九牛二虎之力，他终于成功"上岸"。

因为身上的标签太多：凿壁偷光、熟读《诗经》、连考九次……匡衡成功登上京城"热搜榜"。又是一传十，十传百，匡衡被传成了学问好、毅力强的实力派。精通《诗经》的太子太傅——萧望之很欣赏匡衡，把他推荐给了喜欢研究《诗经》的太子——刘奭（后来的汉元帝）。匡衡对《诗经》的深刻见解和生动有趣的

讲课方式，让太子分分钟"路转粉"。

汉元帝即位后，匡衡升任太学博士，由当初的学生成了如今的老师。很快，上天又给了匡衡一个上头条的机会。

当时京城长安一带发生了日食、地震，皇帝抓着头皮，有点郁闷：到底怎么了？学到老师萧望之学问精髓的匡衡乘机上书，将灾害和政治联系起来，引用《诗经》中的句子与道理，劝告汉元帝：陛下不用担心，只要您多多实行仁政，对老百姓好一点，上天会奖励您的。

不错，不错，有理有据有想法，小伙子要提拔。皇帝频频点头笑，匡衡走上升职快速道：光禄大夫、太子少傅（给太子上课）、御史大夫。丞相韦玄成病死之后，匡衡又成为代理丞相，封乐安侯。

只可惜，一系列的成功让他有点飘飘然了，没能守住底线。

在被封为乐安侯的时候，结果负责实际测量的官员也许是失误，也许是想拍马屁，多划了四万多亩给他。得知情况的匡衡并没有上报皇帝。

汉元帝去世之后，汉成帝继位。匡衡立即被政敌弹劾，说：他早就知道宦官石显奸诈误国，却不闻不问，甚至曲意逢迎，这是百官之首应该做的事情吗？等到新皇继位，他却立刻蹦出来弹劾石显，这不明显想邀功吗？想保住荣华富贵吗？这样的人看似忠诚，实则是大奸之徒！

匡衡两手一摊：你们未免有点强人所难。石显的靠山是汉元帝，我咋能斗得过他？一旦对方的靠山倒下，不正是铲除他的好机会吗？作为一个合格的政客，匡衡还是比较有谋略的。所以，新皇帝并未追究此事。

一波刚平，一波又起。政敌们又拿匡衡当年的"四万亩"大做文章，告他"专地盗土"，皇帝封你三十一万亩，你却乘机扩大了四万多亩。

这下子，匡衡嘴巴一闭：你们说得对。自己的手的确不干净，又如何辩解呢？

看着曾经的老师，父亲的功臣，汉成帝并没有严惩匡衡，只将他贬为庶人（无官爵的平民）。经过多年的奋斗，在达到了大部分人无法企及的终点之后，匡衡又回到了当初的起点。

太学生不仅在读书上要刻苦努力，在品质上也得不断修炼，甚至要承担起与邪恶势力斗争的重责大任——大家比的不光是成绩，还有骨气。

05 除了比成绩，咱还比骨气

东汉后期，外戚开始掌权，他们时不时废掉年纪大的皇帝，拥立年幼的太子，将小皇帝们当成可以随意操纵的玩偶。到了汉桓帝的时候，外戚梁冀在梁太后的支持下独揽朝政，非常专横，朝廷上不论大事小事都由他一个人说了算。各个地方长官们进献给皇帝的贡品，要由梁大人先挑，剩下的才轮到桓帝选用。特别的权力导致了特别的狂妄，梁冀搜刮民财，残忍贪婪……成功给自己贴上了不受百姓欢迎的标签。

有一次，一位西域商人到洛阳经商，不小心误杀了梁家的一只兔子。结果梁冀大怒：杀兔也得看主人吧？他不仅下令杀了商人，还牵连处死了十几个人。为了更好地监控皇帝一举一动，他把两个妹妹嫁给汉桓帝，让她们随时报告皇帝的行踪。

成人之后的汉桓帝受不了：这么做皇帝有什么意思？我要砍了他，谁来帮我？

我来！桓帝身边的宦官们举双手赞成。

为了躲避梁冀的耳目，汉桓帝乘着上厕所的时间，偷偷将亲信宦官叫了出去，交换意见，密谋行动。大家找到了突破口，出其不意，联手干掉了梁冀及其家族。五个参与这次行动的宦官同时被封侯晋爵，宦官们迎来了自己大权独揽的美好时代，汉桓帝则进入了纵情欲海的荒唐时代。

宦官们趁机安插亲信，修建豪宅，贪污受贿，鱼肉百姓，这引起了正直人士与读书人的不满。当时的太学经过历朝历代的多次扩建、扩招，学生数量已经达到了三万多人，基本可以组建一个当时中等规模的城市了。东汉开国皇帝——光武帝对读书人比较宽容，允许太学生们发表言论，批评时政。于是，太学生们经常聚在一起，指点江山，评论时事政治与朝廷人物，出现了东汉有名的"清议"现象。太学生们试图通过"清议"来改变政治局面，反对宦官与外戚专政。"清议"也成了汉朝舆论监督的典范，谁有品格就表扬谁，谁没有品格就批评谁。如果嘴上的批评没有用，还有可能来一场"非暴力不合作运动"。

有一次，宦官赵忠回到冀州安平（今河北冀州区）下葬父亲，葬礼的规格不符合当时的规定。冀州刺史朱穆得知此事后，立即命人扒坟掘墓，开棺检查，果然缴获了许多违制的陪葬品。朱穆随后下令，将相关人等逮捕收监。气愤的赵忠在桓帝面前告了朱穆一状。汉桓帝大怒，不分青红皂白，下令将朱穆撤职，罚他做苦役。

事情传开后，太学生们强烈不满：难道不是赵忠违规在先吗？为了搭救朱穆，数千人主动来到皇宫门前请愿，上书皇帝，痛斥宦官，纷纷叫喊"请皇帝释放朱穆，我们愿意代其受罚"。面对强大的舆论压力，汉桓帝也很无奈，于是放了朱穆。

看来舆论监督很有用，那就继续。

当红宦官徐璜等人联合诬陷战功显赫的皇甫规，得知情况之后，二百多太学生浩浩荡荡来到皇宫门前请愿。桓帝只得再一次妥协，赦免了皇甫规。

可是表面的一次次妥协，加重了内心的一次次压抑，刚刚飘起来的汉桓帝又抑郁了：这些太学生想干什么？不好好读书，成天搞"非暴力不合作运动"。我刚摆脱梁冀，准备放飞自我，这帮小毛孩又出来捣乱。我还得听他们瞎嚷嚷？岂不又要失眠多梦，精神衰弱？

找个机会，让他们彻底闭嘴！

太学生们除了对令人不齿的行为与人物进行抨击和批判，还对那些正直的大臣与名人进行表扬与赞美。当时，李膺、陈蕃、王畅等正直的大臣受到了几万太学生的推崇，人人口中流传着"天下模楷李元礼（李膺），不畏强御陈仲举（陈蕃），天下俊秀王叔茂（王畅）"的顺口溜，大家纷纷学习"偶像"，社会上形成了注重气节、崇尚道德的风气。

一边是太学生们的叽叽歪歪，一边是宦官们的溜须拍马，桓帝更加信赖太监们了：得等一个机会，把我失去的都夺回来。很快，机会来了。

内郡（今河南武防）有一个算命的小混混叫张成，平时跟那些宦官们称兄道弟。一次，他在聊天的过程中得知朝廷将要大赦天下，普通的杀人犯也会被释放。于是，他让儿子直接去砍死了仇家。没想到，这一次他碰到了硬茬——李膺。管你赦令不赦令的，杀人就要偿命，李膺立即处死了张成父子。

宦官阴笑：好你个李膺，这下看你死不死？咱们新仇旧恨一块算，一不做二不休，干脆来个一锅端。他们轮番在皇帝面前进谗言，添油加醋，告发李膺等人私养太学生：不然那些年轻人怎么把他视作偶像，而不是皇帝您呢？不仅如此，李膺等人还有意结交很多民间的能人异士，结为朋党，诽谤朝廷。他们根本不把陛下您放在眼里，这天下到底是李膺他们的，还是陛下您的啊？

汉桓帝埋藏在心中很久的怒火终于迸发了：这些人现在连我大赦天下的命令都不听了，以后还得了？查，彻查；杀，全杀。汉桓帝下令在全国范围内搜捕党人，将李膺等人逮捕入狱，还故意牵连了陈寔等二百多人。但是，恐怖的手段并未让大家害怕和退缩。

当时，陈寔还只是个太学生，因为很有名望而被划为党人。有人劝他赶快逃走，他却非常平静地答道："我不能逃，我逃了，大家的胆气就不会那么足了，对那些黑暗的势力就会逐步妥协退让。"说完，他就收拾衣服，主动投案。曾经被太学生营救过的度辽将军皇甫规竟然因为自己没上"党人黑名单"而感到耻辱，主动上书：我也是与他们一伙的，请逮捕我吧！

有个叫范滂的官员被捕入狱，主审官王甫责问他道："你们身为君主的臣子，不想着精忠报国，而在一起结成私党，相互抬高推举，评论朝廷政治，凭空捏造事端。你们想干什么？从实招来！"范滂从容不迫地回答："好人汇聚到一起，国家才能更加清明。古人做善事能得到更多的幸福，今人做善事却要被杀头，什么道理？杀就杀吧，我绝不辜负上天和百姓，死又何哀？"

王甫也被感动了，并未动用酷刑逼供。后来范滂被释放了，在他回家的路上，人们夹道欢呼。

随着太尉陈蕃、外戚窦武等人上书求情，以及在多方舆论的压力下，汉桓帝不得不释放更多的党人。但是死罪可免，活罪难逃，他命人将党人的名字一一登记在册，对这些人禁锢终生，也就是让他们一辈子不得出来做官。这就是东汉著名的第一次党锢之祸。

人到中年的汉桓帝因为纵欲过度，一命呜呼，都没能生出一个儿子。外戚窦武等人拥立刘宏为皇位继承人，史称汉灵帝。刘宏虽然不是汉桓帝的亲生儿子，却完美地继承了桓帝的荒淫无道。他命人修建了一千间房屋，让各地进献来的美人居住在里面。灵帝每天过来逛一逛，把国家大事抛到了九霄云外。

外戚窦武被任命为大将军，在他的推荐和保护下，曾经被禁锢的党人纷纷得到重用。他们总结了第一次党锢之祸的教训：宦官不除，国无宁日。于是，众人密谋除掉宦官，却不小心走漏了风声。宦官们来了个先下手为强，发动政变，劫持太后，假传诏令，追捕窦武、陈蕃等人。

已经七十多岁的陈蕃听到消息后，没有丝毫害怕，他率领太尉府中的兵丁和太学生八十余人，一起拔刀，冲进皇宫。但是，他们最终还是失败了。陈蕃被捕，受尽折磨，死在了狱中。陈蕃的朋友朱震担任县令，听到好友去世，立即辞官，把陈蕃儿子陈逸隐藏起来。后来，他被宦官抓住，在严刑拷打之下，始终都没有说出陈逸的藏身之处，给陈蕃留下了一个后代。

陈蕃死后，大将军窦武起兵反抗。宦官们假传圣旨，命令虎贲军（相当于保护皇帝的特种兵队伍）、羽林军共同包围了窦武，逼其自杀，牵连多人。窦武的下属胡腾冒着生命危险为窦武发丧，并将窦武两岁的孙子藏了起来。

宦官集团的人也总结了第一次党锢之祸的教训，纷纷表示：不对党人斩草除根，他们必定死灰复燃。于是，宦官们决定扩大战果，向汉灵帝进谗言，诬陷与窦武、陈蕃有关的正直人士想要造反，废掉皇帝。结果李膺、杜密、范滂等上百位在第一次党锢之祸中被释放的人统统被处死，全国各地被牵连而流放、囚禁的人不计其数。李膺被捕前，别人劝他赶快逃，可他却说："遇到事情不能害怕，我都六十多岁了，岂能一走了之，连累他人？"他主动投狱，慷慨赴死。

范滂被逮捕的时候，汝南县令郭揖准备弃官，拉着他一起逃跑。范滂却说："我死了祸事就结束了，怎么能连累你呢？"范滂从容地和母亲诀别，母亲擦干眼泪，说道："孩子，你今天能与李膺等天下名士齐名，死了也没什么遗憾的了！"

几年以后，永昌太守曹鸾上书为党人鸣冤，要求解除禁锢，平反冤案。汉灵帝在宦官的怂恿下，根本不听。灵帝不仅处死了曹鸾，还登记了党人的门生、故吏、父子、兄弟中担任官职的人员"黑名单"。

名单上的人一律罢免，终身禁锢，让他们永世不得翻身。这就是第二次党锢之祸。

禁锢正直人士的后果是什么呢？黄巾起义，天下大乱，东汉政权也走向了终点。

这些太学生之所以将名声看得很重，其中也有开国皇帝的影响。

06 开国皇帝中的"卷王"

在历代的开国皇帝中，有一个帝王乃是完美男人的典范，他就是汉高祖刘邦的九世孙。他不只出身好，还长得帅。据史书记载，他身长七尺三寸，美髯眉，大口隆准。不仅个子高、身材有型，脸蛋还俊朗，对比刘邦的长相，简直"帅呆了"。他还是正宗的太学学生，太学在当时世界的地位堪比现在的哈佛大学和剑桥大学。世界教育史上有确切文字记载的，由统一的中央政府设立的第一所官立大学，就是西汉武帝刘彻设立的太学。虽然他后来中途退学，没拿到"学士学位"，但他的文化水平足以吊打历代开国皇帝。

除了以上的优点，人家打仗还是个好手。论个人的武功，不比后世的唐太宗差。当初起义的时候，他没有战斗装备，骑着牛就上了战场，左砍右劈，威震四方。就是这样一个接近完美的男人，爱情也很完美，他与原配妻子堪称现实版的神雕侠侣。

他还是中国历史上最早接见日本使者的帝王。当时日本使者慕名前来，主动向中国称臣，求皇帝赐名。他赐名"倭国"，赐日本统治者为"倭奴王"。

他就是东汉光武帝刘秀。

历史上人们给了他极高的评价。唐代用兵如神的大将军李靖说："刘秀独能推赤心用柔治保全功臣，贤于高祖远矣。"著名学者南怀瑾说："在中国两千年左右的历史上，比较值得称道，能够做到齐家治国的，大概算来，只有东汉中兴之主的光武帝刘秀一人。"

那么，为何他没有刘邦、朱元璋等人人气高呢？那是因为他太过完美，普通的人学不来，老百姓更喜欢草根出身的开国皇帝。从内心里来说，能有个幻想的对象：看，我们这样的人中间还出了个皇帝！出身草根的皇帝，不会让人感觉太遥远，更容易引起老百姓的谈论。

有些缺点与个性的人，故事自然会更多一些。一个婚姻不幸、事业坎坷、处处风流的男人，肯定比婚姻幸福、爱情专一、事业顺利的男人要有故事得多。而刘秀就属于后一类的男人。

刘秀底下的功臣大多低调谦虚，懂得进退，基本得以善终，拿着大笔的赏赐幸福地养老去了，留下的故事也比较少。在历朝历代中，很多功臣因为个性太强而下场比较凄惨，给民间及文人的创作留下了很多素材——你谈论别人的凄惨比谈论别人的幸福更能引起大家的喜欢啊！

刘秀算得上是开国皇帝中唯一的"本科生"，年轻的时候曾经进入太学，跟着著名博士学习《尚书》。但是，他没毕业就回了老家。至于原因，史料并没有记载，大致有两点：一是王莽统治时期，盲目改革，不切实际，弄得民怨沸腾，大小起义不断，国家动荡不安，深谋远虑的刘秀应该看出王莽迟早得完蛋；二是哥哥刘縯已经在老家蠢蠢欲动，聚集了三教九流图谋起兵，刘秀

要回去了解情况，顺便保护家人。

即便中途退学，他的学识也是开国皇帝中数一数二的。所以，他总能出口成章，在与属下对话与批阅文件、下发诏书等日常行为中，留下了很多成语，乃是名副其实的"成语大王"。

当年，他派耿弇去攻打占据山东青州十二郡的豪强张步，耿弇先攻下祝阿，又相继攻下历下和临淄。张步急疯了，亲自带兵反攻临淄，双方在城外进行了一场惊天地泣鬼神的肉搏战。战斗中，耿弇大腿中了一箭，他随即上演了武侠剧中经典的一幕——抽出宝刀，砍断箭杆，继续战斗，好比《天龙八部》里乔峰拔出箭头继续大战四大恶人。部将陈俊认为张步兵力强大，建议暂时休战，等到刘秀的援兵到来后，再发动进攻。

耿弇坚决不同意：自己的事情自己做，三分天注定，七分靠打拼，爱拼才会赢。经过一场激烈的战斗，他终于打败张步。几天后，刘秀来到临淄慰劳军队，当众对耿弇竖起大拇指，夸奖道："将军前在南阳，建此大策。常以为落落难合，久志者事竟成也。"（《后汉书·耿弇传》）过去韩信破历下开创高祖基业，现在将军你攻克祝阿，连战连捷，跟韩信有得一拼。从前你在南阳曾请求平定张步，我当时以为你口气太大，恐怕难以成功，如今才知道，有志者事竟成啊！（有志者事竟成，意思是指有志向的人，做事终究会成功。）

耿弇曾经毛遂自荐，要收服张步。当时刘秀考虑自己的实力不够，没有同意。由此可见，刘秀善于检讨自己的过失，之前小看了属下，现在自我嘲讽一番，还把功劳给了属下。

只要发觉属下有优点，光武帝就会及时进行表扬。

吴汉是刘秀手下一员猛将，平常不太喜欢说话，但是作战非常勇敢。每次外出作战，总是紧紧地跟着刘秀，只要刘秀没睡，他就一直站在门口守护，不肯先睡。打仗输了的时候，别人都无精打采、唉声叹气，这位老兄像打了鸡血一般，仍然目光如电、斗志昂扬，拍拍身上的灰尘，振作疲惫的精神，继续战斗。有一次，军队打了败仗，刘秀跟将士们情绪非常低落，懒得动弹。吴汉却像平时一样带领部下整理武器，如同战斗前的准备一样，没有表现出丝毫的气馁。刘秀看到后很惭愧，对身边的那些耷拉着脑袋、低垂着眼睛的将军们感叹地说："吴公差强人意，隐若一敌国矣！"（《后汉书·吴汉传》）整体来看，总算还有吴将军令人满意，有了吴汉好比有了一个国家啊！（由这句话引出成语"差强人意"，意思是大体上使人满意，表示勉强还算能让人接受。现在指的是勉强能使人满意，很多人误解成不能让人满意。）

在平定天下的战斗中，刘秀每天坚持读书学习。做了皇帝以后，依然手不释卷，还亲自给大臣们讲解《论语》，动不动就创造出几个成语，比如置之度外；克己奉公；失之东隅，收之桑榆；披荆斩棘；疾风知劲草；旗鼓相当；得陇望蜀；北道主人；敝帚千金；乐此不疲等。

读书多的帝王身上的戾气与杀气会少一些，光武帝采用了柔和厚道的方式对待开国功臣们，让他们交出实权：你们尽情开心笑哈哈，我来为你们"买单刷卡"。所以，跟随他打天下的"云台二十八将"与众多文臣都有比较好的下场。这样高明的方式被宋太祖赵匡胤学去，弄出了一个杯酒释兵权。

学霸出身的光武帝更明白读书对社会风气的影响。统一天下以后，他采用了四大手段来宣传造势，开创了中国历史上"风化最美，儒学最盛"（司马光、梁启超语）的"光武中兴"时代。

第一大手段——重视教育。大力发展太学与各级学校，不管公立还是私立的学校，一视同仁，让大家读书有了好去处。朝廷则对成绩优秀的学生一律重用。

第二大手段——重用文人。继续推行完善西汉建立起来的察举制度，但是各级官府在察举、征辟的过程中更注重优先推荐学识渊博的读书人，就是要让大家实实在在地看到读书的好处——不仅有肉吃，还有面子。

第三大手段——收集图书。西汉末年，战乱频繁，图书散失，许多文化人都带着书籍逃到野外山林。做了皇帝以后的刘秀非常重视图书文化建设和皇家藏书的收集，还特地下旨：有书的献书，没书的写书，想书的也可以过来看看！一时间，天下读书人都带着自己的藏书来到中央，刘秀组织专人进行抄录、编订。最后，国家各个图书馆都是书满为患，藏书的数量与规模大大超过了西汉，读书的氛围与条件也胜过了前朝。

第四大手段——抬高地位。读书多不一定品质就好，还得让大家明明白白地看到什么是真善美，什么是假丑恶。鉴于西汉末年一些官僚、名士醉心名利，依附王莽，刘秀对王莽篡汉时期隐居不仕的官僚、名士给予大力表彰、礼聘，表扬他们忠于汉室的"高风亮节"。愿意出来做官的安排官职，不愿意出来做官的颁发"荣誉证书"。

刘秀对"祖国的花朵"也非常关心，时不时地放下身段，跑到太学里和学生们亲切交谈：在这里吃得好不好啊？住得好不好啊？有没有什么困难啊？学习感觉怎么样啊？有问题跟朕说，通通解决！

所以，东汉初期，因为光武帝大力提倡气节与忠诚，重用有骨气的人，社会风气焕然一新。太学生们大多比较年轻，容易激动，大家聚在一起谈论那些有节操、有学识的人，贬低那些没骨气、没才能的人。渐渐地，在太学里和社会上形成了一种强大的舆论氛围：当好人，就会被赞美；当坏人，就会被批判。

这些有知识、有文化、有热血的年轻人和文化人蓬勃向上，指点江山。当国家腐败横行、民不聊生的时候，他们也敢于最先站出来呐喊，成为时代和民族的精神脊梁。所以，在党锢之祸中，那些正直的太学生与文人们面对镇压，依然前仆后继不怕死。这和"卷王"光武帝的亲身示范与积极提倡是分不开的。

在太学里，不仅学生读书、考试、修行很卷，老师其实更卷。

07 老师们之间的竞争也相当激烈

太学里老师叫"博士"，并不是现在的硕士、博士，而是一种官职。这样的官职在战国时期的各个国家也不同程度地存在过。许慎《五经异义》记载："战国时，齐置博士之官。"《汉书·贾山传》说贾山的祖父贾祛曾为魏王"博士弟子"，《史记·循吏列传》说公孙休为鲁博士，《史记·龟策列传》说卫平为宋博士，但这个时候的博士基本上没有正式的"编制"，相当于参政议政的"编外人员"，发表见解，来去自由。

到了秦朝，中央政府选拔了一些博学多闻的人——博士担任皇家图书馆的管理员(掌管全国书籍典章的官吏)，定期发工资(秩比六百石)。博士们平时主要工作就是编写书籍、保管文献以及培养人才。当皇帝遇到棘手的问题了，他们也会被邀请参加由皇帝主持的"国家治理专题研讨会"，畅所欲言，讨论方案。说得好的人还有可能被提拔为皇帝的"金牌心腹"和"顶级智囊"。《史记·秦始皇本纪》记载："始皇置酒咸阳宫，博士七十人前为寿。"由此可见，秦始皇大致选拔了七十多个博士，他们来自各个阶层，精通一门或多门学问。

汉朝沿用了秦朝的制度，也将博士纳入政府的固定编制。朝廷选拔博士的方式更加多样：征召（你的名气很大，皇帝亲自下聘书）、举荐（重量级的人物或高官推荐你）、察举（西汉的人才选拔制度，在后面的章节会详细说）、考试（经过一定的笔试，让你就国家存在的问题写出解决方案）……

汉朝初年，最有名、最年轻的博士就是贾谊。

他一直跟着知识渊博的老师——张苍学习。张苍是荀子的学生，非常喜欢图书、音乐和历法，在秦朝的时候就担任过御史，掌管宫中的各种文书档案，相当于皇家档案馆的馆长。后来因为触犯了法律，回到老家。不甘寂寞的他又跟随刘邦打天下，一不小心，又成了西汉的开国功臣。跟着这样的老师，年少的贾谊凭借渊博的学识和出众的才华，成了当地的"一线红人"。

在汉朝，三公、九卿、郡太守、县令等职位都由皇帝来任命，宰相下面的官员由宰相自己"招聘"，各个地方政府也由地方首长来选拔人才做基层官吏。河南郡守吴公"招聘"贾谊担任助理，犹如猛虎插上了翅膀。在小贾的出谋划策下，河南郡安定繁荣，吴公在官员"绩效考核"中荣获天下第一等，很快就被提拔为廷尉（中央最高司法审判机构长官）。升职后的他极力向皇帝推荐助手：小贾是个好同志，应该重用！

汉文帝经过一番考察，竖起大拇指，名副其实，能力出众：小贾，你别干助理了，直接来做博士吧！贾谊破天荒地成了当时最年轻的博士。每当皇帝遇到难题，让众位博士讨论解决方案时，其他老博士还没理解透彻问题的意思，小贾就已经提出了切实可行的解决方案。

不到一年，贾谊被火速提拔为太中大夫，成了皇帝身边专管朝政议论的高级顾问。

贾谊瞬间站在了人生巅峰，他激情澎湃，干劲十足，鞠躬尽瘁，死而后已。贾谊把自己的想法与观点化作了一篇篇文采飞扬的奏疏，其中就有著名的《过秦论》《论积贮疏》《陈政事疏》等。

西汉前期的博士有点类似皇帝的助理、参谋什么的，所以，博士除了有学识，还得有眼界——不是让你来教书的，你得擅长出谋划策，治国安邦。

到了汉武帝时期，"罢黜百家，独尊儒术"之后，儒家弟子越来受到重用，而培养国家储备人才的最高学府——太学也急需顶级的老师。《易》《书》《诗》《礼》《春秋》等每个课程都要安排对应的讲解老师，他们被称为五经博士，学生则叫博士弟子。只要你能通晓《诗经》《尚书》《礼记》《周易》《春秋》等儒家经典课本中的一门或几门，就有可能成为太学博士，不仅很有地位，还有机会成为皇帝身边的参谋。只要有真本事，封侯拜相也不是不可能。因此，这一时期的博士乃是"多面手"，不仅可以教书育人，培养干部，还有可能被提拔进入中央担任重要官职，治国平天下。

博士的选拔对象可以是民间人士，也可以是基层官员等，但是，博士"招聘"条件很高，岗位竞争相当激烈。有些人为了提高自己的名气而被朝廷看中，不惜花钱买"粉丝"或"水军"，将自己推上著名学者排行榜。

为了保证博士质量，避免滥竽充数，朝廷设置了专门选拔博士的考试机构——太常（掌管宗庙礼仪）。太常卿亲自选拔博士，要么直接面试考察，要么组织策问考试，然后推荐给皇帝，由皇帝决定是否录用。

选拔考试非常严格，推荐博士的人要签订责任书——具保状，必须保证你推荐的人的确是专家，得是学问好、品德好、身体好的"三好专家"，否则怎么教学生？所选博士的年纪必须在五十岁以上，收过一定数量的学生（所以很多人会先在民间成立辅导班，打出名气），具有丰富的一线教学经验。而且，必须得先试用，再录用。所以，谁也不敢轻易推荐博士，弄不好会把自己的小命搭进去。

博士选拔考试当中也有高手，伏生的后人就有在策问考试中夺得第一名的。伏氏家族很重视儒学的教育，到了东汉时期，出现了几个大学者：伏湛、伏黯、伏恭。

伏黯面对前人的解读，并不是全盘接受。他如果有觉得不对的地方，就会根据自己的考证与理解重新注释，写成了九篇《齐诗》解说的《章句》，并担任了光禄勋（总领皇宫内事务，位列九卿之一）。伏恭从小跟随父亲伏黯学习《齐诗》，在学生时代就成了《诗经》研究的小专家。同龄人只能望洋兴叹，再"卷"，也"卷"不过小伏。

伏恭不仅学问好，品德也好，对父母的孝顺也是出了名的。在汉朝，一定级别的高官有资格选择家族里的子弟直接担任皇帝身边的郎官（类似于储备干部），所以长大之后的伏恭凭借父亲的关系顺利成为郎官，经过一段时间的考察之后，他又被授予剧县令（县长）。虽然靠"拼爹"进入官场，伏恭却凭实力稳扎稳

打。他在县令的位置上，廉洁奉公，埋头苦干，认真工作，成了全国优秀"县长"。青州郡（剧县属于青州管辖）长官眉开眼笑：好样的，既有书生的学识，又有能人的干练。他直接给伏恭的政绩栏填上了两个字——"尤异"。

负责选拔博士的太常卿一看：这样学者型的官员不正是咱们太学老师的最佳人选吗？来吧，请开始你的表演！伏恭一路过关斩将，再一次展现了他的实力，凭借长久的钻研和独到的见解，在博士选拔考试中夺得第一名，顺利地成为太学博士。

汉朝时期，朝廷也会从博士当中选拔适合当官的人出来从政，所谓"学而优则仕"。有丰富基层工作经验的伏恭很快从博士又升任为常山郡太守，成了真正的封疆大吏。伏恭明白：想要发展，得先武装脑袋；想要稳定，得先办好教育。他一上任便下令增加教育经费，改善学校环境，聘请名师教学。为了统一教材，他发挥学霸的精神，对父亲的九篇《齐诗》解读系列资料又进行了认真修订，完善补充，写下二十多万字的注解，形成了《诗经》完全解读系列参考书。他甚至亲自上阵，传授《齐诗》，让常山郡的读书人纷纷"爱上"《齐诗》，当地的文化水平有了飞速提升。

集能臣干吏、知名学者、特级教师为一体的伏恭先后担任太仆、司空等重量级的官职，被尊称为"国三老"，一直活到九十岁。

但是，研究儒家典籍的学者也有高手和菜鸟的区别，高手——尤其是博士——都有各自的研究成果与独立见解，谁也不服谁。太学的老师们在讲课方式、内容等上面，也展开了激烈的竞争。围绕儒家经典教材，又延伸出各种各样的教材解读系列、教材全解系列、教材参考系列等。各个学派互不相让，争论不已，都声称自己的解读最符合孔子的思想，自己家的解释才代表了儒学正宗。

举个例子，有人想要开川菜馆，每家厨师的烧菜风格和口味都不太一样。但是，每个川菜馆都声称自己家的菜才是正宗的川菜，谁也不服谁。于是，街头便出现了"李三川菜馆""赵四川菜馆""王二麻子川菜馆"……虽然烧的都是川菜，却有细微的差别。

公说公有理，婆说婆有理，到底该听谁的呢？

到了汉宣帝时期，皇帝的头也大了：你们这些家伙天天争来争去，我该去哪家川菜馆吃东西呢？国家无法固定统一的教材参考书，学校里的课还怎么上？学生该听谁的？我还怎么组织统一的考试来选拔人才？于是，宣帝在长安城内未央宫北面的石渠阁，亲自组织了一次有名的学术辩论会——石渠阁会议，主持人正是萧望之。

有问题，有分歧，大家可以尽情地辩，拼命地说，最后由皇帝来统一思想，圈定教材。在你们川菜烧得好的人中间选几家，以你们的名义挂上不同的招牌，开门接客，招收弟子。

各门各派高手激烈争辩，唾沫横飞，最后，皇帝一挥手，大家安静，听我说：在《易经》科目中增加梁丘派，在《尚书》科目中增加大夏侯、小夏侯两个派别，在《春秋》科目中增加谷梁派。然后增加对应的博士，一本书由不同的老师开设不同的课堂，讲不同的解读内容，比如，《诗经》有《鲁诗》（鲁国人申培公开创）、《齐诗》（齐国人辕固生开创）、《韩诗》（燕国人韩婴开创）等几家，《鲁诗》科目的老师讲自己学派对《诗经》的解读，《齐诗》科目的老师讲他们学派对《诗经》的阐释。好比语文课，分为王老师语文课、李老师语文课、张老师语文课，每个老师用自己编写的课本，讲自己对语文的理解，考试也考他们上课的讲义，出题人也是他们自己。

从此以后，太学里总共建立了十二个科目：《易》为施（施雠）、孟（孟喜）、梁丘（梁丘贺）三家；《书》为欧阳（欧阳生），大夏侯、小夏侯三家；《诗》为齐、鲁、韩三家；《礼》为后氏（后苍）一家；《春秋》为公羊（公羊高）、穀梁（穀梁赤）两家。每家都设置对应的博士，采用自己学派的教材和参考书，讲解自己学派的内容和注释，互不干扰，各自安好。

到了东汉初年，朝廷又根据实际情况，增加了一些科目和博士。至于学生想选哪个科目，就看老师牛不牛，讲解得好不好。

而博士弟子如果学问精深，也可以创立自己的学派。比如《礼》（《仪礼》，孔子率领弟子们收集并研究周代等前朝的礼仪制度，总结古人在成年、结婚、丧事、祭祀、朝拜、吃饭等生活各个方面有哪些礼节与仪式，汇集在一起，成为儒家教材），也出现了各种派别，影响比较大的就是大戴、小戴、庆氏等三家。

小戴指的是戴圣，他出生于西汉梁国都城睢阳，父亲名叫戴仁，叔父戴德曾跟随《仪礼》研究专家后苍学习。秦朝焚书坑儒的时候，《仪礼》被烧，只有一个叫高堂生的人将它提前背诵了下来，然后口头传授，传给了萧奋，萧奋传给孟卿，孟卿传给后苍，后苍又传给戴德。

戴德成为太学的博士之后，收集了两百多篇关于儒家礼仪学说的资料。他仔细一对比，发现其中有很多重复啰唆的文章，就进行了删减，并加入了自己的解释，最后剩下八十五篇，人称《大戴礼记》。从此，他成了儒家研究的顶级专家，在当时太学的《仪礼》科目中挂上了自己的招牌——大戴礼记。

戴圣跟着戴德、后苍学习，也成了儒学的顶级专家。他感觉叔父戴德对之前的资料删得还不够多，又结合历代流传下来的资料和自己多年的研究，将戴德的《大戴礼记》和孔子的《仪礼》又融合并删减成了四十九篇，对其进行了非常深入、独到的补充与阐释。

戴圣也被选为太学的博士。学生们发现小戴老师的资料简洁易懂，一目了然，而且他讲课深入浅出，有趣有料。于是听他课的人越来越多，戴圣的名气也越来越大，他的讲义成了超级畅销的《仪礼》解读参考书——《小戴礼记》。《小戴礼记》流传得越来越广，以至于大家把其他的《仪礼》配套参考书、解读书都忽略了。

到了东汉后期，著名学者郑玄又对《小戴礼记》进行丰富完善，做了更加深入浅出的注解，这本书的地位也更上一层楼，成为官方指定用书，甚至从孔子的《仪礼》中脱离出来，形成专门的一门学科——《礼记》，与《周礼》《仪礼》合称儒家"三礼"。打个比方，儒家的礼仪制度好比一个集团公司，《周礼》是这个公司的创业者；《仪礼》是公司的继承者；《礼记》是这个公司改良者，它将公司发扬光大，打造成了股东追捧的上市公司。后来，集团公司分裂成三个分公司——《周礼》《仪礼》《礼记》，虽然有一定的"血缘关系"，但各自的经营业务、领导性格、发展方向已经不一样了。

在汉朝，官办"大学"只有太学，招生名额太少，加上路途遥远，家里没家资没积蓄，是很难支持孩子到京城求学的。那么，想读书深造的人该怎么办呢？

08 来公立学校吧，不仅给你们位子，还给面子

在上太学之前，汉朝人也得先接触一些文字与书籍，他们到哪里学习呢？民间有很多私立的识字读书辅导班，称为私学。一开始的任务是识字、练字，课本大多是《仓颉篇》这样的认字启蒙书。然后，学习《孝经》《论语》等必读的思想品德课。这个阶段学完，基本上就可以担任郡县里的基层小吏什么的了，毕竟汉朝能上得起学、读得起书的人不多。如果想要继续深造，又上不了太学，怎么办呢？

两个途径：自学，或者就读"私立学校"。

像伏生等人一样，长期坚持专攻一本儒家书籍，只要钻研精通，就能被人举荐，进入朝廷或者太学当老师。有的人通过自学成才，就开设"私立学校"，开门收徒，既能解决吃饭问题，又能打出自身的名气，从而被朝廷发现并重用。当然，"私立学校"也很"卷"，从太学退休的博士、罢官或辞职的官员，纷纷加入"教育行业"。这些"私立学校"的学生分为两类：少部分是"全日制"的，直接上门，整天跟着老师学习；大部分则是"非全日制"的，在老师这里登记下，交点费用，挂个名字，表示此人是我的老师，然后就自己在家里自学了。前面提到的倪宽、匡衡等人就属于后一类人。

但是，"私立学校""课外辅导班"的教学质量与水平参差不齐，有人就想到了通过政府的力量来推动建设公立学校，提高国家的整体教育水平。第一个吃螃蟹的人名叫文翁。

他是西汉庐江郡舒县（安徽省安庆市）人，年少的时候自学成才，深入研究过《春秋》，成年之后担任县里的基层小吏。因为精通《春秋》，工作努力，一步步高升，最终成为蜀郡太守。当时蜀地（今四川地区）属于贫穷落后的地区，民风野蛮，田间地头街头巷尾，不是打架斗殴，就是砍人闹事。

从文明地区来的文翁抑郁了：这样的人怎么管啊？打也不是，骂也不是，搞不好，自己也可能被人撕成两截。治人得治心，得想办法改变当地的社会风气。可是，怎么改变呢？用喇叭喊？讲大道理？你对着地痞流氓说"你们要好好学习，天天向上"，有用吗？

得让大家真真切切地感受到读书的好处！你们只要好好学习，不仅能吃饱穿暖，还能升职加薪，光宗耀祖。

文翁开始了一系列的运作，让好处看得见。

首先，修建学校（石室精舍）。用政府的钱办百姓满意的学校，只要你愿意报名，都可以来读书，我们比"私立学校"学费低，质量好。

其次，提升待遇。只要进来上学的人，一律免除你们为国家干活的义务（徭役）。学习成绩优秀的人，直接成为郡太守的助理或秘书；学习成绩中等的，也可以担任孝弟力田，担任乡镇教育宣传干部。

再次，给足面子。文翁每次外出办事、视察的时候，总会挑选一些优秀的在读生跟随身边，给当地的老百姓强烈的视觉冲击：大伙过来看看啊，只要好好学习，就能受到太守重用。风风光光有面子，实实在在有位子。

最后，规划未来。文翁从学习优秀、工作勤奋的基层干部中挑选有潜力的人，送他们进入太学深造。至于学费、生活费，不用担心。文翁下令减少政府不必要的开支，全力保障学生费用。为了增进与太学老师们的感情，文翁还派人经常给太学里的博士们寄送蜀地的土特产。没过多久，太学博士们一致认为：蜀地的学生应该尽心辅导，认真培养，甚至可以"开小灶"。

当这些蜀郡的学生学成归来、回到本地之后，文翁就会根据其能力的大小，逐一提拔重用，安排到各个重要的工作岗位。有的人甚至还升任为刺史、郡守。

蜀地的老百姓们惊呆了：哇，原来只有官二代才有机会做的官，现在咱们也可以了。读书学习竟然这么有用？那咱还打啥子架嘛！赶紧地，读书去！不去也得去。只要好好学习，通过考查，就能光宗耀祖，全家沾光。于是，大家抢着进学校，有钱的人家砸钱，没钱的人家砸锅。很快，蜀地人以读书为荣，以打架为耻，斗殴除了能吃到监狱里的免费粗粮，还有什么用？读书除了能吃到国家发的精细皇粮，还有机会做官，干吗不读？

原本野蛮落后的蜀地到处都是郎朗的读书声，到处都是用功的读书人。听到消息的汉武帝开心地笑了：这个办法好！不用打，不用骂，就把当地彪悍的民风改好了，厉害！

一时间，各个地方的公立学校争先恐后地冒出来，教化之风大兴，读书之人遍地。

班固在写《汉书》时候，也大力赞美文翁："至今巴蜀好文雅，文翁之化也。"四川地区变成人民幸福感最强的城市之一，也有文翁的一份功劳。他创办的石室精舍正是如今成都石室中学前身，是中国乃至世界上第一所地方官办学校，也是唯一的一所连续办学两千多年未曾中断、未曾改变地址的学校。

文翁不仅办学校，还兴建了大型水利工程。他在太平堰鱼嘴处开通蒲阳河，把都江堰灌溉的区域扩大到成都平原北面，让更多的地方变成了良田。蜀地不仅文化教育档次上去了，经济生活水平也提高了。农业发展了，百姓吃饱了，也会越来越重视教育，即便没有机会进入学校，也会想尽各种办法读书。从此以后，蜀地的文化教育和经济发展进入了良性循环，相互促进，相辅相成。

一个人，影响了一个地方上千年，非常了不起！

第二章

（求职卷）

找工作，也是一场没有硝烟的广告战

汉初的皇帝，尤其是汉武帝，为了选拔各种人才帮助自己治理天下，建立并完善了一整套的人才选拔考试制度，不断从民间挑选奇才前来辅助自己，慢慢形成了历史上著名的选拔人才的制度——察举制。

察举即考察、举荐。皇帝要求丞相、列侯和地方高级官员或者由中央派遣的特使观察并寻找有才能的人，把品德高尚、才干出众、学识渊博的平民或下级官吏推荐给朝廷，由朝廷直接任官，或经过面试、策问等形式的考核之后，择优录用。通过的人有机会做官，推荐的人也有奖励。好比是皇帝让天下人按照他的标准与要求寻找治病的药材，找到的人有赏，不找的人有巴掌。

汉代察举制度的科目分为常科（岁科）与特科两大类。常科是定期开展的，每个高官都有举荐的责任和义务。特科是不定期开展的，皇帝哪天心血来潮，想要招揽点特殊人才——比如要出使西域，总要翻译人才吧——就下个诏，招聘一些人。有点类似于现在的公司按照岗位发布的招聘公告。

常科有孝廉、茂才（秀才）等科目，基本上不用考试。

孝廉是最重要、最受人关注的一科，孝指孝敬父母，廉指清廉勤政。孝廉被举荐上来后，直接进入中央担任郎官（在皇宫里打打杂，整理文件，修改通知等，类似于皇帝身边的储备干部），前程远大，升迁较快。

茂才科，原来叫秀才科，东汉时为避光武帝刘秀讳，改作茂才（茂材）。西汉时，茂才并不是岁举常科，也是临时性的。茂才大多为现任官吏，被举荐以后，会升任更高级别的官职，类似于现在的公务员遴选。

孝廉针对的群体最大，条件也最为宽松，所以，后来大家都拼命往这条道路上挤，从各方面表现自己的孝行，打出自己的名气，从而求得一官半职。

特科是皇帝临时下诏，"招聘"某些特殊人才。先由一定级别的官员举荐，根据具体情况决定是否录用。

主要有以下几种特科。

明经科，要求通晓经学。汉武帝独尊儒学后，经就专门指儒家经典了。汉代的读书人自幼就要苦读经书，背诵典籍，限于当时的条件，普通人一般到了年纪很大的时候，才有可能精通经书，比如五十多岁。因此，通过明经科而进入官场的人基本都是头发花白的人了。

明法科，针对法律人才的察举科目，人数不多。

还有勇猛知兵法科（军事人才）、阴阳灾异科（解释自然灾害的人才）、贤良方正科、有道科、敦厚有行科等。

特科有的需要笔试，比如贤良方正科，但大多不需要考试。

自从察举制度建立之后，读书人便有了相对公平的求职渠道，但是粥少人多，竞争异常激烈。为了找工作，投简历，大家"卷"得也很厉害。

01 皇帝为你量身打造特种专用"豪车"

在察举制度建立之前，朝廷时不时地会通过征辟的方式来选拔人才。征辟是汉朝的一种比较特殊的人才选拔"招聘"制度，历朝历代也有沿用，分为征召和辟除两种。朝廷直接从民间招聘隐士、名人和学者，称为"征召"，在汉朝初期尤其东汉非常流行。皇帝征召聘用社会知名人士到中央担任官职，称为"征""特诏"，可能给你个"顾问"（博士）的虚职，也可能给你权力比较大的实职。

这种"招聘"虽然不用考试，难度却非常大。你不仅得有本事，还要会包装，懂得营销和策划，先在民间打出名气，被人起个什么"卧龙""凤雏"的外号，朝廷就知道你了，皇帝也晓得你了，你就有可能被征召。但是，你如果没两把刷子，没真本领，被试用一段时间之后，皇帝发现你乃欺世盗名之徒，不仅让你直接下岗，还有可能让你脑袋搬家。

"征召"属于双向选择，你可以直接或者委婉地拒绝，皇帝也不能阻拦发怒。你给"老板"面子，就点个头；不给"老板"面子，可以潇洒地甩个头，咱不愿给你打工。在拒绝做官的人中，有些的确不想做官，也有些是对官位不满意，通过拒绝来提高名气：你们看，皇帝、官府争着来"招聘"，我都懒得去！不明情况的老百姓竖起大拇指：你真牛！

皇帝也通过"征召"为自己赢得重用贤才的美好名声。能被皇帝征召的人一般年纪都比较大，德高望重，品行端正，学识丰富，在民间与文人中间拥有众多的"粉丝群"。拉拢他们，便能拉拢大部分的读书人，而且能树立典型，给天下人良好的导向。"征召"也是让天下读书人和百姓明白，谁才是你们"该追的星"。

"征召"虽然没有考试，但比考试更难。

西汉初年，刘邦为了自己刘家的统治能够长久，把儿子们、侄子们都分封到各个地方当诸侯——就算他们以后造反了，不论谁来当皇帝，至少天下还是姓刘的。随着经济的发展，诸侯王们的实力越来越强，权力越来越大。为了进一步发展壮大，提升影响，他们仿照战国时期的客卿与养士制度，"招聘"天下人才，既给待遇又给面子。有钱，有闲，有地位，读书人求之不得，纷纷跑到诸侯国吃香喝辣。陪着大王们吟诗作赋，游玩打猎，参政议政。

西汉的辞赋家枚乘就是这些人当中的一个。因为写得一手好文章，他成了吴王刘濞的"秘书"（文学侍从）。当时，刘濞为了搞好与朝廷的关系，派自己的儿子刘贤（已被立为吴国太子）进京朝拜。汉文帝就命自己的儿子刘启（后来的汉景帝）陪刘贤下棋聊天。

有一天，这两个血气方刚的年轻人下棋突然争执起来。

"哎，我这步棋没走好，重新下行不行？"刘贤想悔棋。

"那哪行？你这不是耍赖吗？"刘启坚决不干。

"在吴国别说悔棋，就是扔棋，也没人敢对我说个'不'字。"

在吴国骄横惯了的刘贤发怒了。

刘启也发怒了："我还是大汉的太子呢！"

两人越吵越激动，刘启抄起身边的棋盘，向刘贤的脑袋砸去。刘贤的头顶被砸出了个窟窿，鲜血喷涌而出。很快，刘贤倒在地上，没了呼吸。

"坏了，弄出人命了！"慌张的刘启赶紧跑去告诉皇帝老爸。

"成何体统！你是太子，就不能忍忍？"汉文帝一时也不知所措。

虽然刘濞在诸侯王中的实力最大，但总不能让我的儿子偿命吧？他可是太子，未来的皇帝！汉文帝只是象征性地骂了几句儿子，就命人把刘贤的尸体送到了吴国：老刘，节哀顺变，埋了吧！

刘濞自然咽不下这口气，他愤愤地说道："我儿子难道不姓刘吗？既然死在长安，那么就该葬在长安，跟老祖宗在一起，何必送到吴国来安葬？"他命人将刘贤的遗体送到长安下葬，就是让天下人和祖先们看看，是谁杀了自己的儿子。

从此以后，每当诸侯王要朝见皇帝的时候，刘濞都称病不去。

汉文帝大怒：死个儿子就装病？还有没有规矩了？他准备追究刘濞不来朝拜的罪过，可是，转念一想：这小子手握兵权，万一造反怎么办？算了，不来朝见就不来吧！汉文帝顺水推舟，特许刘濞可以不来朝见天子。

但是，刘濞心里的怨恨不可能就这么轻易消除，他的脸色、言语中都透出四个字——我要造反！

作为身边人，枚乘自然明白刘濞的心思，可造反这条路九死一生，万一失败了，底下的人也得跟着倒霉。太子没了，可以再立其他的儿子；诸侯国要是没了，从上到下都得玩完。于是，枚乘给吴王写了一封文采飞扬的信——《上书谏吴王》，委婉地劝说吴王不要冲动，打消怨恨，忍一时，风平浪静。可惜，刘濞放不下仇恨，没有听从，暗中联络各方势力，准备造反。于是，枚乘直接去了梁国，成了梁王刘武的座上宾。

汉景帝刘启即位之后，加快了打击诸侯的步伐，削减诸侯王的土地及权力。

压抑许久的刘濞联合其他七个对刘启不满的诸侯王造反了，史称"七国之乱"。但造反得有个冠冕堂皇的理由，"诛晁错，清君侧"，我们不是造反，而是为了帮助皇帝清除身边的奸臣。年轻的汉景帝慌了：我不过拿了点土地，干吗要造反？于是，汉景帝杀了晁错：我看你们还有没有借口继续造反。枚乘赶紧又给老主子吴王写了一封信——《上书重谏吴王》：人家晁错全家都死了，您就收兵吧！

吴王陷入了沉思：汉景帝那小子能放过我们吗？刘濞不听，最终兵败被杀。

枚乘因为两次劝诫刘濞而名闻天下，文章又写得妙。汉景帝征召他为弘农郡都尉（协助郡守管理军事），实职加实权！但是枚乘没干几天，就"裸辞"了：身体不佳，需要休养！又来到梁王刘武身边。做个门客，吃喝不愁，还能与读书人谈天说地，快活似神仙。

梁王去世后，枚乘返回了故乡淮阴县。早就听说枚乘大名的

汉武帝即位后，频繁发来"征召函"，为了表示诚意，特意打造了一辆老年人专用豪车——安车蒲轮（用蒲草裹着车轮的小车，那个时候车子没有轮胎，用草裹是为了减轻车子的颠簸），派人前去迎接已经七十多岁的枚乘。可惜，安车蒲轮也不安稳，坐在上面一路颠，枚乘死在了半路上。

在汉朝，三公、九卿、郡太守、县令等职位由皇帝来任命，宰相下属的官员由宰相自己辟除使用，各个地方政府也由地方首长根据自己的需要选拔各种人才。中央高级官员或地方重要官员招聘有本事的人担任下属或者参谋（幕僚），称"辟""辟除"。如果你做得好，被领导认可与点赞，就有机会通过察举制度被推荐到中央或地方，升职加薪，封侯拜相。不过，辟除首先也得看你的名气，否则，别人怎么知道你呢？

02 电视剧都没有的"狗血"人生

东汉有个人一辈子多灾多难，人生的剧情非常"狗血"，基本没过上什么安稳日子，却名气在外，多次被高官辟除。最终，靠着坚强的意志硬是活到了九十多岁。

他年少的时候刻苦钻研儒家经典课本，凭借多才多艺的专长成功俘获大家闺秀的芳心，娶了当时著名经学大师马融（东汉初年开国功臣马援的后代）的侄女，在地方上做了个小官。因为疾恶如仇，大家都不敢惹他。

三十多岁的时候，他得了一场重病，躺在床上七年不能下地走动，让他一度"怀疑人生"。于是，他对他大哥说道："大丈夫在世，既没有隐士的名气操守，又没有伊尹（商朝开国功臣）的伟大功劳。哎，就这么死去，这是老天不给我机会啊！我死以后，麻烦你在我墓碑前竖一块石头，上面就写汉朝有一位隐士，姓赵名嘉，空有大志，却无法实现，这是命，他也没办法！"

他就是赵嘉，后来因为躲避灾祸而改名为赵岐。

没想到他这一说，兴许是感动了上天，让他在凡间创造一番事业再死，他的身体竟然奇迹般地好了。好家伙，大难不死，必有后福。他很快被司空房植辟为掾属（助理），又被大将军梁冀征辟为下属，没过多久，又被推荐为皮氏县县令。但是，没干多久，赵嘉的上司换成了一个宦官的门人。向来讨厌宦官专政的赵嘉一挥手：道不同不相为谋，拜拜！他直接"裸辞"，就是这么有个性！

他很快又被京兆尹延笃辟为功曹。可没干几天，宦官唐衡的哥哥唐玹升任京兆虎牙都尉（守护皇家园陵、抵御外来入侵的官职）。东汉末期，汉桓帝为了打击外戚的势力，选拔任用了大批太监及他们的亲戚门人进入中央与地方机构。唐衡、单超、左悺、徐璜、具瑗等五个太监在同年同日被封为万户侯，当时人称"五侯"。而唐玹不过凭借太监亲戚的身份就在京城飞扬跋扈，赵嘉曾经多次讽刺唐玹：什么玩意，狗仗人势。

没想到，唐玹坐上了升职的直通车，又升任为京兆尹。赵嘉无语了：以唐玹的为人，我还能在京城待下去吗？逃吧！可是，卑鄙的唐玹逮捕了赵嘉的家人和亲戚，编织理由，罗织罪名，将他们统统杀光。噩耗传来，赵嘉满腔怒火：但现在硬杠，不仅报不了仇，还会把自己搭进去。为了躲避追杀，他化名赵岐，四处避难，最后隐居在北海卖大饼。当地有个侠客孙嵩（字宾石）买大饼的时候，发现赵岐的气质与众不同：此人怎么会是小商贩呢？这里面肯定有蹊跷。于是，他试探性地与赵岐攀谈起来。赵岐脸色突变：难道是唐玹派来的杀手？

老练的孙嵩看了看四周，压低声音说道："我看您不像卖饼之人，刚才您脸色有变，如果不是与人结下深仇大恨，就是逃罪在外的人。我乃北海孙宾石，在江湖上也算小有名气，也许可以帮你的忙！"

他乡遇知音！

赵岐放下了戒备心，说出了自己的经历——唉，又是宦官，他们不害人能死吗？孙嵩赶紧将赵岐带回家中，把他藏在隐蔽的阁楼里（《后汉书·赵岐传》记载"藏岐复壁中数年"，有人说是藏在墙壁的缝隙里，这个说法有待商榷，应该是有暗门的房间里），每天供应美食佳肴。生活安定下来的赵岐也没闲着，不断创作，写出了三十二章的《厄屯歌》。

一晃几年过去了，朝廷也变了模样。"五侯"被贬的被贬，被杀的被杀，唐玹和他的家人也都死了。皇帝大赦天下，赵岐迎来了事业的第二春。

因为他与宦官集团势不两立，敢说敢骂，成了天下读书人的偶像，名气非常大。三府（太尉、司徒、司空）同时抢着征辟他：来吧，工作随你挑。最后，赵岐接受了司徒胡广的征辟。适逢南匈奴、乌桓、鲜卑等外族入侵，赵岐被封为并州刺史（相当于现在的边境省的省长），前往抵抗外族入侵。

正当赵岐要大展拳脚的时候，他的人生剧情又被泼上了"狗血"，朝堂之上发生了著名的党锢之祸。太监们重新夺回政权，迫害读书人，不属于宦官集团的人员全部"下岗"，统统禁锢，永远不得担任官职。作为与太监斗争的积极分子，赵岐自然跑不了，光荣回家待就业。

在家的他也没闲着，将自己抗击入侵者的策略整理成《御寇论》。等到新皇帝汉灵帝继位，看到希望的赵岐摩拳擦掌：总该轮到我上场了吧！还没等他兴奋起来，朝廷上又发生了第二次党锢之祸，赵岐继续家里蹲。

被禁锢十多年，赵岐依然该吃吃，该喝喝，心态始终不错，长寿的人总有令常人比不上的地方。

后来，黄巾起义爆发，天下大乱。汉灵帝慌了，重新启用赵岐为顾问（议郎）。接着，大将军何进举荐他担任敦煌太守。可是，在上任的路上，赵岐的人生又出现了反转。

他被叛乱军头领边章抓获。边章一听这是大名鼎鼎的赵岐，赶紧劝道："您别去敦煌了，到我们阵营里做大帅吧！"这哪行？堂堂朝廷命官怎能成为反贼头领？可对方亮晃晃的大刀闪着寒光——要么从，要么死！怎么办？忽悠，大胆地忽悠！赵岐凭借三寸不烂之舌说得头领们点头称是，赶紧把他放了。

可是，还没等他松口气，剧情又反转了。

他跑到陈仓时候，又遇到乱兵，被人追得如同丧家之犬。上天虽然给了他多灾多难的命运，却给了他强健的体魄和特别的运气。赵岐躲在草丛里，十二天没吃东西，竟然也奇迹般地活了下来，还顺利逃回了都城长安。董卓上台之后，征辟名声在外的赵岐为议郎，很快又升他为太仆。当时，袁绍、曹操、公孙瓒正在争夺冀州，朝廷派赵岐前去调停。袁绍和曹操听说活着的"传奇"前来——咱们敬仰的大哥来了——马上停战，率军到百里之外，迎接赵老先生。一场大仗因为赵岐的个人魅力而停止了。

汉献帝迁都洛阳之后，准备修理被战乱毁掉的皇宫。可是，他发现，自己手里没有钱：要不向诸侯们借点？东汉末年，天下早已四分五裂，枪杆子与钱袋子都掌握在地方诸侯手中，谁去理会名存实亡的皇帝呢？看着可怜的皇帝，一把年纪的赵岐主动站出来：我去筹钱！

他来到了富裕的荆州地区。当地"一把手"刘表很兴奋：赵大哥竟然来荆州了，太给咱面子了。嘿，不就皇宫的装修费吗，我出！但有一个条件，大哥您得留在荆州。"州有一老，如有一宝！"有赵老坐镇，何愁天下人才不来？何愁荆州的名气不响？刘表不会干赔本的买卖，他想用赵岐的"品牌效应"吸引天下人才。

快九十岁的赵岐看着风景美丽的荆州：这地方有山有水，正是养老的好地方，那就在这里"几度夕阳红"吧！他虽不在朝廷，朝廷里却依然有他的传说。在众人推荐曹操担任司空（朝廷三公之一，地位显赫）的时候，曹操却推辞道："赵岐还在，我哪有资格？他担任司空最合适！"大臣们都觉得有道理，纷纷呼喊赵岐归来。

可是，岁月不饶人。赵岐已经到了风烛残年，再也经不起路上的折腾了。朝廷不想放弃这个文人们的"精神偶像"，就任命赵岐为太常（相当于教育部部长，掌宗庙礼仪之官），不用去京城，在荆州象征性地做一下工作即可。

最终，九十多岁的赵岐老死在了荆州。

征辟制度虽然看似简单，实则简约而不简单，需要你的学识、品行、名气都过硬。虽然不需要考试，却比考试更难。自从有了察举制度，征辟也就慢慢失去了市场。皇帝们喜欢你求着他，而不是他求着你。现在天下人争抢着当孝廉、茂才等，都想方设法要把自己打造成皇帝喜欢的"爆款"。

03 想要找好工作，你得把自己打造成"爆款"

在察举科目中，孝廉是最重要的一科，应聘的人越来越多。这科一开始的时候，没有笔试，也没有面试。被举孝廉的人，直接进入中央，担任郎官。从西汉到东汉前期，孝廉不光只有品德好，还得有学识，至少也得钻研了一部或几部儒家经典。可以说，没点本事的人，也扛不住。所以，孝廉科也能选拔出一批人才。下面讲的这个从小就刻苦读书的人，就是从基层小吏的岗位上被举荐为孝廉的。

附近的学校里传来了朗朗的读书声，小男孩的心仿佛被什么撞击了一下，失落而又惆怅，他的心如小小的寂寞的城：为什么别人在读书，而我却在放牛？没办法，家里太穷了。他的父亲是"小区"的"门卫"（"里"的守门人，"里"在古代是人们聚居的地方，古代户籍管理以"里"作为基层组织的名称，相当于现在的街道，五家为邻，五邻为里。今天的里弄、巷弄、乡里乡亲就是这么来的，指城镇中人们聚居的地方），工资很低，根本没机会供他读书。小男孩还得打工挣钱，养家糊口。每天一大早，他就要去放羊。

怎么办？难道穷就不能读书了吗？穷人就不能翻身了吗？难道注定这一辈子都穷吗？

小男孩无心留恋周围美丽的景色，突然站起来，一个声音从心底喊出来："我要读书！"他曾跟着识字的爷爷与乡亲们断断续续地学过汉字以及历数天文。那些汉字就好像美丽的图画深深刻在他的脑海里，那么漂亮，那么诱人！可他没有机会走进学堂，也没有钱买书。

买不起书怎么办？

那就借！借了总要还啊，别人也要读呢！肯借就不错了，不可能给你很多时间读的啊！那就抄！用什么抄？对，用什么抄呢？家乡没有竹林，他也买不起竹片。

小男孩环顾四周，两只眼睛到处搜寻着：该用什么材料来抄好呢？

咦？远处池塘边传来青蛙声，回头望去，一片蒲草叶丛（一种草本植物，长在池沼中，高近两米，底下的根可以吃。它的叶子很长，也很宽，可以用来做成席子跟扇子）吸引了他的注意。他兴奋地跑过去，蹲下来，采了一片叶子，越看越高兴：找到了，找到了，哈哈！这蒲叶又宽又长，晒干了不就可以在上面写字了吗？再用藤子穿起来，不就是"竹简"了吗？

小男孩仿佛找到了宝藏，说干就干，立刻采摘了一大堆蒲草叶，拿回去晒干，切成和竹片类似大小的叶片，用墨水一试，果然可以写字。于是，他赶紧跑到熟悉的人家去借书，拿回来就开始抄录。碰到不认识的字，他就向"小区"里有文化的人请教，向借书给他的人请教。

抄啊抄，写啊写，叶片越来越多，他就用藤子把它们串起来，

编成创意无限、独此一家的蒲草手册。

　　在放羊的时候，只要一有空，他就拿出蒲草手册学习。慢慢地，小男孩成了一个知识渊博的少年，经人举荐当上了监狱里的抄写员（狱中小吏）。他不甘心做一个监狱里的抄写员，于是，就自学汉朝的法律条文。当别人在聊天谈女人、喝酒吹牛皮的时候，他已经把各条枯燥乏味的法律背诵得滚瓜烂熟。大家在大小案件中遇到不理解的问题都会跑过来咨询请教他：这个案子怎么判？

法律上有这条吗？

县里长官看他这么能干，干脆提拔他当了狱史（断案的官员）。有一天，太守来到县里视察工作，看到很多人都围着一个小伙子请教问题，感到很惊讶。一打听，原来小伙自学成才。

"你叫什么名字？"

"路温舒！"

太守欣赏地点点头：不错，不错，小路有前途，以后就做我的助理吧！

路温舒成为太守的得力干将之后，依旧没有放弃读书的爱好，不断钻研当时的热门课本——《春秋》。因为学问精深，品行端正，又被地方长官推荐为孝廉，进入中央担任郎官。汉宣帝继位后，路温舒发挥多年学习积累的知识，写了一篇非常有名的奏章——《尚德缓刑书》，劝诫皇帝减轻刑罚，广施仁义。文章从春秋时齐桓公、晋文公的霸业，讲到秦朝过失，说明严刑峻法给老百姓与国家带来的危害：冤狱四起，天下怨恨，长此以往，国本动摇。

年轻有为的汉宣帝连连感叹：好文章，有见识。他立即采纳了建议，下令平反冤狱。路温舒被提拔，先后担任临淮郡太守等重要职位，成为西汉有名的大臣。

在汉朝，很多读书人并没有认识高官的机会，被直接举荐的概率很小。他们基本上是先到地方政府的基层，干个小吏或者助理。只要清廉勤政，认真工作，等做出成绩、有了名声之后，就有机会被长官们推荐为孝廉。

东汉，河南洛阳县，有一个叫种暠的小孩含着金汤匙出生了。

他的父亲曾任定陶县令，因为善于经营，积累了三千万贯的家财。面对如此多的财产，种暠并未表现得很兴奋，反而觉得是一种累赘：我们在吃肉喝酒，有人却喝风吃草，他们的心里又会怎么想？

在父亲死后，种暠做出了一个令人瞠目结舌的决定：把家里的钱全部捐出来，赈济家族及县里的穷人。他是个绝顶聪明而又自信满满的人。在汉朝，尤其是东汉，名声比什么都重要，只要有了它，就有了进入官场的通行证，别人在察举人才的时候才能注意到你。种暠也相信自己的学识和才能，即便两手空空，他也能重新打出一片天地。

他顺利地被人举荐，担任县里的门下史（基层小吏），从基础的工作开始做起，磨炼自己的意志，锻炼自己的才能。当时，河南尹（地方最高长官，京城洛阳便在河南郡的管辖范围内）田歆具有察举人才的权利和义务，京城洛阳的达官贵人们纷纷发来"私信"：小田，记得推荐我家族里的某某某啊！

一时间，田歆无语：我一个小小的河南尹怎么能违背这些高官贵族们的请托呢？可是，举荐上去的人，如果都是关系户或者歪瓜裂枣，皇帝那边我又怎么交代呢？于是，田歆找来他的外甥王谌商量："老舅我现在手上有六个孝廉的推荐名额，却已收到了很多达官贵人的请托信。但我总得举荐一个真正有本事人吧？你小子有一双识人的慧眼，要不帮我找找？"

王谌向来很会看人。一天，他送家里的客人出门，远远地看到了一个气质不凡的年轻人。他坚定的眼神，优雅的谈吐，自信的步伐，深深地吸引了王谌。上去一聊天，果然很有料！这不就是老舅要找的人才吗？

王谌赶紧回去报告田歆："我为你找到一个孝廉的人才了，他就是洛阳县的门下史——种暠。"

田歆有些不以为然：我以为你会找一个世外隐居的高人，你却推荐一个基层小吏？王谌不服气：隐居山林的人就一定是高手吗？住在深山里的人也有可能是砍柴工或犯罪分子呢，难道基层就没有人才了吗？他说道："山林中不一定有高人，高人不一定在山里啊！"

有道理！好不好，得面试一下才知道嘛！田歆立即召见种暠，不聊不知道，一聊呵呵笑！小伙子，有前途，干基层小吏太可惜了。先做我的秘书（主簿），有了像样的身份之后，再推荐你做孝廉。种暠从此以后，在升职加薪的路上停不下来，担任了凉州刺史、汉阳太守、辽东太守、大司农等职，最终，凭借出色的政绩与过硬的人品，升任司徒，位列三公。

一开始，被推荐的孝廉不仅要有孝顺等良好的品行，还得钻研一两部儒家经典，或者在基层岗位干出了一番成绩。但是，随着人数越来越多，竞争越来越激烈，政治越来越腐败，社会上出现了很多为了争当孝廉而"打广告"的奇葩事，不少人硬生生地将孝顺、廉洁等行为演成了"达人秀""脱口秀"。

04 当孝顺被演成了一场"达人秀"

汉武帝以后，朝廷要求每年举荐一次孝廉。全国总共一百多个郡，每年至少推举上百个孝廉到中央担任郎官。十年就有上千个郎官，储备人才越来越多，编制却没那么多。皇帝需要人才的话，就先从这些人中间挑选，不用特地下诏征求人才了，也不必通过其他科目选拔人才了，因为通过孝廉选出来的储备干部已经足够多。所以，孝廉科成了文人们最重要的一个求职渠道。

到了西汉与东汉的中后期，官员们也不再去考察你到底是不是有真才实学，只要你的名气大就行。所以，很多不学无术的人为了争抢孝廉的名额，不在刻苦读书上下功夫，而是想方设法地"打广告、搞营销"。不孝顺的人也装得很孝顺，孝顺的人就把孝顺做得更有特点和亮点。导致人越来越虚伪，越来越夸张，而孝廉的选拔也失去了原来的意义。

东汉时期，有个百姓叫赵宣，埋葬完死去的父母之后，却不封闭坟墓，为了表现自己的孝顺，他住在里面陪父母，"硬生生"地服了二十多年。乡亲们都称赞他的孝行，官员们争相邀请他出来做官，并将他推荐给了朝廷的大臣陈蕃。

陈蕃是个实干型领导，派人前去仔细核查。结果，他发现赵宣的五个子女都是在服丧期间生的。服丧期间你还生孩子？那你

服什么丧？孝顺父母和疼爱妻子两不误吗？这纯粹是沽名钓誉。陈蕃大怒，对赵宣说道："有孝心自然是好的，但是祭奠亲人不需要做得太过分，太过反而不敬、不孝。你现在虽然睡在墓中，却跟老婆生儿育女。欺世盗名，迷惑百姓，污辱先人，还想做官？岂有此理！"

赵宣不仅求职失败，还被定了罪。他两眼发晕：唉，虚假广告害死人啊！

为什么会出现如此欺世盗名的事情和人物呢？为何二十四孝里有一些不太符合逻辑的故事呢？两个字：名利！毕竟不是每个领导都会像陈蕃这样去实地考察人才，也不会像他那么正直，不接受贿赂，不接受请托。

汉朝统治者最讲究孝道。孝是进入仕途的一个重要的砝码，有孝名才能被统治者重视。一些人为了成为孝廉，进入官场，就做出惊人的"孝举"来引起轰动。想要被人注意，广告很重要。有些广告，虽然看起来很粗俗甚至很恶心，但你不得不承认，它能成功吸引人们的眼球。一些人为了当官，不惜丧失人性、违背伦理，通过各种手段，把自己包装成正人君子。

在没有科举制度之前，普通人当官靠推荐，怎么推荐呢？看你的学问和名声。但是孝廉等察举制度刚开始的时候并没有笔试，大家无法衡量你的学问水平。所以，官员们在推荐孝廉的时候特别注重名声，看你是否孝顺、仁爱、谦虚等。于是，很多人就在名声上下功夫。

因此，为了搞好名声，顺利求职，大家也开始了各种"卷"。

东汉有一个叫郭巨的人，因为家里很穷，他的母亲舍不得吃饭，把仅有的食物留给刚刚出生的孙子吃。郭巨就跟老婆商量："儿子可以再有，母亲死了不能复活。不如把儿子埋掉，节省些粮食供养母亲吧？"

他的老婆含泪点点头！当他们挖坟地的时候，忽然挖到了一坛黄金，坛子上面居然写着："天赐孝子郭巨，官不得取，民不得夺。"夫妻俩高兴坏了：这下儿子不用死了。有了黄金，孝敬母亲、抚养儿子两不误。从此，郭巨不仅过上了好日子，孝顺的美名也传遍天下。

事出反常必有妖！如果挖不到黄金，小孩子是不是真的会被活埋？这个黄金又是怎么来的？真的是上天赐的吗？哪有这样的好事？是不是从哪里偷来黄金之后不敢花而搞出来的广告策划？连自己的儿子都能活埋，又怎么对别人仁爱？这样的人如果走上官场，会不会对百姓好？而且如此私密的事情又是如何传出去的呢？

有的人为了做官求职，掩饰野心，极力伪装自己的一言一行。

西汉末期，一个年轻人听说叔父生病，他便赶紧跑到叔父的府上，一刻不离叔父左右。

叔父吃药，他先试；叔父睡觉，他坐着；叔父起床，他扶着；叔父上厕所，他跟着……病重的叔父感动得老泪纵横：这孩子，不仅博学多才，还这么孝顺善良，比我儿子还贴心。哎，看看咱们家族里的那些年轻人，哪个有他这么谦虚上进？哪个有他这么口碑良好？一定要把他推上去，咱们家族才有希望啊！

这个年轻人就是王莽，他的叔父叫王凤，皇太后王政君的哥哥，地位显赫、掌握实权的外戚。王莽的"孝顺"并未白费，弥留之际的王凤向汉成帝和太后王政君极力推荐了侄子王莽。从此，王莽迎来了人生的高光时刻。他原是太后王政君的娘家侄子，汉成帝的表弟。因为父亲王曼死得早，没能赶上封侯，因而，他在家族中的地位并不显赫。

年轻时候的王莽刻苦读书，手不释卷，不断增进学问，赢得了儒生们的广泛称赞。小王虽是皇亲国戚，却从不骄傲自满、目中无人，而是低调、谦虚、上进，还平易近人，到哪里找这么好的年轻人？王莽平常穿得像个街上卖菜的小贩，吃的是普通百姓家的粗粮。对守寡在家的母亲天天请安，时时问候，成了远近闻名的大孝子。让叔父们和太后王政君刮目相看：这孩子，真是咱们王家的"小清新"！

王凤临死前，郑重地推荐了王莽。不久，王莽升任射声校尉，正式进入了中央机构。但他并没有满足与骄傲，依然想尽办法来提高名声，磨炼演技。在得知自己的一个兄弟去世的消息后，其子王光成了孤儿，他则在第一时间将侄子王光领回家中，当作自己的亲生儿子来养育。虽然他当时的"工资"并不高，却将家里好吃的、好穿的都给了王光。

他不仅关心侄子的身体，还关心他的教育。一有空，王莽就带上好酒好肉去慰问王光的老师门，问候王光的同学们，并对大家说道："我这个养子虽然不是亲生，但胜似亲生，希望大家以后多多照顾他，别让他受委屈啊！"学校的老师与同学们看着王莽诚恳的眼神，纷纷点赞，自愿充当广播"小喇叭"，到处宣传王莽的美名：到哪里找王大人这么好的人呢？

广告做得好，不如文人和百姓的口碑好。王莽的名声越来越好，家族里的人也感动了。他的另一个叔叔——成都侯王商听了侄子的事迹，感动得都快哭了：小王官位低，工资少，还如此用心帮助亲戚的孩子，这么有情有义的人不重用，天理不容啊！于是，他主动向皇帝提议，把自己的封地分出一些给王莽，以减轻侄子的负担。

得了封地的王莽并未自己享用，而是把封地的租税全部拿出来，接济帮助那些贫困的文人，甚至把自己的车马、皮衣等贵重物品分给宾客们。他和家人却使用普通的物品，穿着质朴的衣服。

大家惊呆了：世上还真有活菩萨啊！天下文人、百姓纷纷"路转粉"，主动为王莽歌功颂德。但是，聪明的王莽暗中结交皇帝身边的心腹、宦官、嫔妃、仆人等，只要搞到什么稀罕的玩意，就进献给皇帝身边的人享用。渐渐地，这些人也成了王莽的义务宣传员。

王氏家族的人、朝廷上的大臣纷纷上书，请求皇帝和太后重用王莽。最终，王莽在众人的强烈推荐下被封为新都侯，升任光禄大夫。

有一次，大臣们来探望王莽的母亲，看到一个穿着朴素的妇女在老太太的身边忙来忙去，大家以为是王家为了节省开支而请来一个年纪比较大的丫鬟。直到最后，大臣们才得知，那个妇女竟然是王莽的老婆。好家伙，为了帮助穷人，老婆都在当丫鬟，老王咋就这么伟大呢？

他的二儿子王获不小心杀死了家奴，他硬是逼着儿子自杀，得到了大家的一致好评。但是，当王莽的地位逐渐巩固之后，他的政治野心也开始暴露。

他先是逼迫太后王政君赶走了自己的叔父王立，之后又大力提拔顺从并拥护自己的人，唆使他们去干一些陷害政敌、打击对手的事情。接着，他又将党羽们拉过来"跑龙套"，暗示他们上书皇帝、太后，请求朝廷册封自己为安汉公（安定大汉的天下）。很快，请求册封王莽的奏章从全国各地如雪片般地飞过来。

太后王政君见此情形，也替王莽高兴：真没想到，咱老王家还有如此得民心的人物。我已经老了，想要咱们王家持久地昌盛下去，必须趁早推出一个能堪当大任的人。于是，她顺水推舟，批准了大臣们的"强烈请求"。

然而，王莽又奉献出了"影帝级别的演技"，立即上书推辞道："我的功劳算什么？王舜、孔光、甄邯等人的功劳那么大，都还没封赏，我哪有资格呢？"好一招以退为进，收揽人心。他既打造了自己谦虚的人设，又把孔光、甄邯等人收入囊中。

在王舜、孔光、甄邯等人加官晋爵之后，王莽才"犹抱琵琶半遮面"，高高兴兴把奖领，正式接受了他早就梦寐以求的"安汉公"称号。

但是，他暗地里却干了很多坏事，其中一件便是阻止汉平帝的亲生母亲卫氏回到年幼皇帝的身边。因为一旦她回到京城，将来卫氏家族掌权了，怎么办？他这个外戚岂不要凉凉？

他的大儿子王宇听到消息后，非常担心：父亲的演技炉火纯青，会不会入戏太深，走不出来了？现在连皇帝的亲生母亲回宫，他都极力阻止，万一皇帝长大成人，掌握实权，清算咱们一家人，咋办？在老师吴章、妻舅吕宽的建议下，王宇利用父亲比较迷信的性格，准备导一出好戏，吓唬吓唬他，让父亲收一收手。王宇命人在自家的大门上悄悄地泼上猪血，然后禀告父亲：您看看，上天都发怒了，您也该收敛收敛了！

得知真相的王莽大怒，借机诬陷杀掉了卫氏一族以及吕宽跟吴章，把之前反对自己的人统统牵连进来，还逼着儿子王宇自尽，甚至没放过怀孕的儿媳，让她生完孩子之后，立即自杀。一时间，京城血流成河。

放下屠刀之后，王莽又立起了牌坊。他让身边的文人写文章，宣传造势，歌功颂德，把这次杀人事件完美地包装成"大义灭亲，奉公忘私"的壮举。读着吹捧的文章，王莽笑了：写得好，很符合我独特的气质嘛，下发各地，人人背诵。这些将王莽捧上天的文章以极快的速度传颂开来，王莽成了正义的化身，除恶的英雄。

但总有人的眼睛是雪亮的。一个叫逢萌的官员对朋友说道："三纲绝矣！不去，祸将及人。"王莽这个家伙，为了权力与名声，连亲生儿子都杀，还有什么做不出来？我要辞职回老家。逢萌摘下头上的乌纱帽，挂在都城东门外，带着一家老小，悄悄地离开京城，逃到了辽东。后来，很多依附王莽的大臣都在战乱中死去，逢萌却活得很潇洒。由此引出一个指辞去官职的成语——"挂冠而去"，出自南朝·宋·范晔《后汉书·逢萌传》："即解冠挂东都城门，归，将家属浮海，客于辽东。"

演技炉火纯青的王莽早已入戏太深，走不出来了：天下除了我王莽，还有能人吗？还有好人吗？我不做皇帝谁有资格做？为了得到更多人的支持，他开展了一系列笼络人心的举动：提议朝廷大肆封赏皇族，一夜之间，几十名没有任何功劳的皇族子弟被封为侯爵、王爵，一些之前因为犯罪而被剥夺爵位的皇族，也都恢复了爵位；给退休的官员们发放高额补贴；扩建太学，增加招生名额，想要读书的人，统统可以来，毕业之后，我给你们安排工作。

不论是皇族、官员，还是文人、学生，一致认为，王莽不做

皇帝，老天都不会答应。于是，在大家热情似火的推举下，王莽"半推半就""勉为其难"地取代了年幼的皇帝，"不好意思"地坐上了龙椅。

经过多年伪装的王莽终于坐上了梦寐以求的龙椅，可是，他一直磨炼演技，却忽视了治国才能的锻炼。上台之后，他推行了一系列不切实际的改革，弄得民不聊生，天怒人怨。面对旱灾、蝗灾、瘟疫、黄河决口等自然灾害，他不想办法赈灾，居然戏精上身，在南郊举行"哭天大典"。他一把鼻涕一把泪：老天啊，你惩罚我一个人吧！别伤害百姓了。王莽以为苦情戏能力压百姓的动作戏。

他的如意算盘落空了。老百姓们清醒了：戏子能让我们吃饱饭吗？表演能让我们不受冻吗？很快，各地起义军形成了赤眉军和绿林军两大军事势力。绿林军攻入长安，砍死了王莽。

察举制度在开明的皇帝手中，是选拔人才的利器。在政治昏暗的时期，别有用心的人容易会利用制度的漏洞，为了求职，打广告、搞策划，把孝顺变成表演，把亲情当作工具，变得越来越虚伪，越来越阴暗。

除了孝廉，那些没有背景、没有机会被人推荐的人，又是如何求职找工作的呢？

05 三个"顶级演员"的夸张求职路

长安城北面城门楼叫北阙，正对东西二市，人头攒动，热闹非凡。这里离皇帝住的"小区"（未央宫）不远，全国各地的文人们如蝗虫般挤进北阙并不是为了"旅游打卡"，而是来"投简历"。

为了加强与民间的沟通，选拔更多杰出的人才，皇帝允许天下人在北阙上书（又叫公车上书），经过他及核心团队成员审阅之后，觉得谁上书的内容写得好，就会召见、"面试"谁。只要你能让皇帝满意，就能通过"老板直聘"，顺利进入体制内，成为官员，甚至快速晋级政坛明星。

不管你是谁，还是谁的谁，不管你是基层官员，还是平民百姓，只要你上书的内容写得好、写得妙，就能一步登天。因此，北阙成了长安城人最多的地方。三个有志青年凭借自己超强的策划营销能力，得到了汉武帝的接见和重视。

"脱口秀演员"的自我救赎

望着北阙门口犹如蜉蝣般密密麻麻的人群，年轻人的心凉了半截：果然是"绝对垄断性公司"，前来求职的人，数都数不过来，我这样投简历过去，会被皇帝看到吗？看到了会有印象吗？

如果我跟他们一样，那多没个性？我自幼爱好经术，阅遍百家，要长相有长相，要才华有才华，要口才有口才，怎么能浪费自己的聪明大脑呢？

眼睛一闭，年轻人就有主意。

首先，强烈的视觉冲击。他用三千片竹简来写自我介绍和个人想法，然后用了好几辆马车装起来，雇用了两个人抬过去。当他带着厚重感十足的"简历"重新出现在北阙的时候，求职者、官员们瞠目结舌，议论纷纷。一时间，年轻人创意非凡的求职方式引起了汉武帝的好奇：这家伙是从哪里蹦出来的？又写了什么？

求职终于前进了一小步。

其次，搞笑的内容冲击。在自荐信里，他充分发挥不怕死的精神，开启狂吹自我模式，大意为：我虽然从小失去爸妈，但我从来没有停止过学习。十三岁读书，十五岁练剑，十六岁看经典，如今的阅读量已达二十二万字（在汉朝已经算很多了）。但我从不满足，十九岁又开始学习兵法，研究兵器，军事理论著作也读了二十二万字。皇帝陛下，四十四万字啊，试问，谁能达到？

如今的我已经二十二岁，毫不夸张地说，我这小伙子长得帅呆了，个子高，眼睛亮，牙齿白。除了帅，我还勇猛、敏捷、忠诚、守信、廉洁……只有您想不到，没有我做不到。对面的皇帝陛下看过来，看过来，我这样的人，有没有资格做您的大臣呢？

花了两个月才把"自荐信"读完的汉武帝哈哈一笑：这小伙子，很有意思！让他待诏公车署。"待诏"相当于编制外人员或者公司储备干部，没有正式的官职，给发工资，随时待命。

从此，汉武帝记住了年轻人的名字——东方朔。

但是，仅仅是记住，并没有实质性的奖励。东方朔焦急地等待着，盼望着，时不时远眺一下未央宫：皇帝大人，您什么时候召见我啊？我这边等得花儿都谢了。难道我花那么多钱打造出几车重的简历，就是为了拿这点还不够塞牙缝的工资？这投资风险也太大了吧！不行，我不能这样等下去，得想个办法。东方朔又策划了一起自我推广活动。

当时，皇宫里有几个侏儒（身材异常短小者），平时除了给皇帝养马，还为皇帝取乐，所以时不时能见到汉武帝。东方朔从他们身上找到了突破口，这些人自卑胆小，吓唬的手段绝对有用。他跑到侏儒们身边套近乎，故意危言耸听："你们啊，离死不远了。皇帝说你们这些人一不能种地，二不能打仗，三不能治国，毫无用处，留着没意义。他老人家正准备把你们都砍了，你们还不赶快去向他求情？"

侏儒们一听，吓得半死，赶紧跑到汉武帝面前，痛哭流涕，磕头求饶。武帝蒙圈了：这怎么说的？我没说要杀你们啊？

啊？侏儒们也蒙了。得知事情经过的汉武帝终于想起来了：原来是那个吹牛不打草稿、写字浪费竹简的人啊！嘿，这次他又想干吗？难道有什么好玩的事？武帝立刻下令，召来东方朔，故作生气地斥责道："竟然敢假传圣旨，我看该死的人是你吧？"

东方朔早就摸清了皇帝的脾气——能让他开怀大笑，就不会有危险。于是，他来了一段脱口秀表演："唉，我实在迫不得已啊！侏儒们身高只有三尺，而我身高九尺，却跟他们工资一样多。他们吃一碗饭就饱了，我行吗？您看他们圆鼓鼓的小肚皮，再看我这干瘪瘪的大身板。您总不能撑死他们，饿死小臣吧？陛下如果不愿意重用我，就干脆把我打发回家。不然，我留在这里，也是浪费京城的粮食嘛！"

呵呵，哈哈！汉武帝大笑，这家伙总能出其不意地制造点喜剧效果，留在身边图个乐子也不错嘛！好吧，你到金马门待诏。金马门离皇宫更近了，有很多机会陪"下班"后的皇帝玩游戏。

机会来了，就要牢牢抓住。有一次，汉武帝又玩射覆游戏（将某个东西盖在盆或者坛子底下，让大家猜是什么东西）。这次他将一只壁虎藏在了一个密封罐子里，大家猜来猜去，无人猜中。东方朔举手示意："我学过《易经》，擅长推算，要不让我来试试？"

哦？你还会推演测算，快来，快来！东方朔神神叨叨地用蓍草（算卦占卜用的草）排成各种卦象，然后回答道："说它是龙，但无角；说它是蛇，但有足。它靠着肢体扭动而前行，还是个爬墙高手。我猜这东西不是壁虎，就是蜥蜴。"

高手啊！汉武帝立即赏赐了东方朔十匹帛。后来每次皇帝玩射覆游戏，东方朔必能猜中，次次得赏。他的风头盖过了汉武帝身边的其他人，有个受宠的伶人（类似于演员）郭舍人不乐意了：这样下去，以后皇帝还会喜欢我吗？于是，他向东方朔发来公开挑战书——咱们在皇帝面前比试"猜猜猜"，如何？

没问题，小样，我正愁着没机会表现呢，放马过来！东方朔不慌不忙，胸有成竹。

结果，无论郭舍人放什么东西，东方朔一猜即中，老伙伴们都惊呆了：东方牛人，你真牛！

经过不断策划，东方朔终于求职成功，被汉武帝封为常侍郎。

东方朔的行为常常夸张搞笑有创意，以至于大家都以为他是疯子。汉武帝也感叹：如果东方朔不做荒唐的事情，我身边的这些郎官没人比得上他。东方朔则很清醒：古时候的人都隐居在深山里，又穷困又无聊，像我这样隐居在朝廷里，有吃有喝有钱拿，多好！所谓大隐隐于市，想要保全自己，又何必隐居在鸟都飞不进去的深山老林里呢？

在汉武帝身边善终的大臣并不多，东方朔算得上一个。

偶像派演员偏偏要走喜剧路线

"爸爸，爸爸，您不要丢下我们！"少年眼含泪水，一边是教他写文章的父亲，一边是含辛茹苦的母亲。怎么选呢？他的母亲是父亲在梁国娶的小老婆，如今父亲要回老家，母亲却不愿意同去。人生地不熟，地位如婢女，我去干什么呢？必然会遭到他们一大家子人的白眼，还不如留在梁国舒坦。

少年不忍心丢下孤苦伶仃的母亲：老爸风流倜傥，身边不缺女人和孩子，而母亲除了他，就再也没有亲人。所以，他选择留在了母亲身边。父亲无奈地摇摇头，留下了一大笔钱和一个决绝的背影。

少年的名字叫枚皋，生于西汉诸侯国——梁国，他的父亲叫枚乘，那个汉武帝用"特种车"去接的大文豪。枚皋完美地继承了父亲的文学基因，小时候的他跟随父亲学习辞赋创作，逐渐展露天分，思维敏捷，下笔成章。十七岁的时候，他直接给梁王写自荐信。梁王一看，这自荐信写得与众不同，文采飞扬，每个字忽而像在枝头唱歌的小鸟，忽而像冲破云霄的雄鹰——来，做我的储备干部（郎官）。

也许是年少轻狂，也许是被人陷害，枚皋犯了罪，丢了工作，只能逃出梁国。去哪里呢？只有到大都市，才能躲避别人的追踪，对，去人口最多的长安。没过多久，他碰巧赶上了天下大赦。赦令是皇帝发布减免罪行或赋役的命令。古代帝王为了笼络、安抚人心或出于某种特殊需要，比如在皇帝登基、更换年号、立皇后、立太子或者遭遇天灾人祸的时候，常颁布赦令。除了谋反、欺君等的政治犯，其他人一律不予追究罪责，让罪犯们各回各家、各找各妈。这种行为叫大赦天下。

既然身份不再是罪犯，那就可以光明正大地找工作了。不过，老爸已经去世，一没关系，二没地位，谁会推荐他这个"小镇青年"呢？那就自荐。枚皋来到北阙上书，他没东方朔那么土豪，可以买下那么多竹简，雇佣那么多车子。但他也有撒手铜，那就是他老爸的名声。

所以，他在"自荐信"中特别强调：我的老爸叫枚乘，枚是枚乘的枚，乘是枚乘的乘。我也遗传了他的文字天赋，出口成章，下笔如神。不信，你们可以试试。

汉武帝很兴奋：当年没请到枚乘，着实有点遗憾。没想到他儿子主动前来，难道一切都是天意？皇帝立即召见，亲自出题：小枚，写篇赋来瞅瞅？

枚皋不假思索，直接开干，眨眼之间，赋即完成。汉武帝很满意：好家伙，这速度赶得上光速了，以后你就留在我的身边，随时替我写文章、记日记。就这样，枚皋顺利地成为郎官，后来晋升为文学侍从，和司马相如、东方朔等人成了同事。

汉武帝每次让侍从们写赋，枚皋总是最先完成，其他人只能望洋兴叹：枚老弟，你能不这么"卷"吗？从此以后，汉武帝不论是打猎、游玩、巡视等，都带着枚皋，只要一时兴起，就会吩咐枚皋：小枚，记一下！小枚，来一篇！

枚皋就像一台高速打印机，皇帝刚开口，他的文章就出来了，人称"马上文"。但是，速度有了，质量却不高。也许是受到了东方朔的影响，也许是想通过搞笑的方式避祸，也许是不想坐上高位而日夜操劳国家大事，他总是不按常理出牌，言行举止带点滑稽，时不时会在汉武帝面前开玩笑，很多文章也是带着"无厘头"的味道，纯属闹着玩。所以，虽然他很多产，写了一百多篇赋，质量高的却不多，成就比他老爸要差一点。到了南朝时期，梁武帝曾经评价道："相如工而不敏，枚皋速而不工。"司马相如写文章精心雕琢，但思维不够敏捷；枚皋写文章速度很快，但不够精美。

原本走偶像路线的枚皋毅然决然地开辟了喜剧路线，行为处事不够严肃，加上又不太喜欢钻研儒家经典，所以汉武帝只把他当成了跟东方朔一样的演员。虽然官职没升，但是待遇管够。在世俗的眼里，枚皋有些太疯癫。也许在他自己的眼里，却笑世人看不穿。在喜怒无常的汉武大帝手下，只要安全平稳地活着，比什么都好。

实力派演员的悲情人生

一个落魄的年轻人徘徊在长安的街头：已经好几天没吃饭了，好饿啊！他望着天上的月亮，长叹一声：想我一身本领，为何混得这么惨？当初在老家勤奋学习纵横术，天下谋略尽在我的心中。后来皇帝推崇儒术，我又去拼命学习《春秋》等经书。为了不让自己的思维固化，也会翻翻其他的百家学说，吸收各派长处为我所用，比起那些只会啃一本书的呆子，我简直是神仙下凡呐！这到底是为什么？

他在各个诸侯国游说，希望能够得到重用。可惜他的言论太过高调，做事又偏离了儒家提倡的谦虚谨慎的风格。虽然智商一直在线，但情商时不时掉链子，人际关系处理得一塌糊涂。所以，周围的人纷纷轻视他、排挤他，甚至都懒得看他。

唉，小地方的人没眼光，智商跟咱不在同一水平线上，那就去一线城市——长安碰碰运气吧！

可是，大城市更不好混，钱袋子空了，菜篮子也空了。流落在京城的街头，肚子里有个声音不停地在呼喊，饥饿已经在反复纠缠。年轻人干脆死马当活马医，来到了北阙，使出毕生所学写了一份奏章，畅谈自己对天下大事与治国理政的看法。文采飞扬，分析透彻，观点独特。

没想到，早上报上去，晚上汉武帝就迫不及待地召见他。一番对谈下来，皇帝大喜，连连惊叹：真是相见恨晚啊，你怎么不早点过来呢？

从此，年轻人找到了实现梦想的最佳手段——不断写奏章，为皇帝碰到的难题献上自己的解决方案。汉武帝用人向来不拘一格，他深信"盖有非常之功，必待非常之人"——想要干大事，就得用大才。而非常之人往往有更多的缺点，用人就不能拘泥小节，不会搞人际关系又何妨？没有人说你好话又怎样？只要能帮我解决问题，我说你好，你就好，你想要啥，就有啥。

年轻人每上一次奏章，汉武帝就会提拔他一次，一年之中连续提拔了四次。你肯出奇谋，我就肯给银子和位子，让你不走寻常路。

一个红得发紫的年轻人以火箭般的速度窜天而起，大家都知道了他的名字——主父偃。从他日后一系列大手笔的操作来看，此人乃是个妥妥的实力派。

面对分封带来的诸侯国日益强大的难题，主父偃分分钟给出杀手锏——推恩令。汉武帝拍着大腿，嘴巴笑得像朵展开的荷花：这个办法好，杀人不见血。

当年，分封诸侯国不仅仅是帝王对臣下的赏赐和收揽人心的方式。在生产力极为低下的情况下，没有高速公路与高铁，稍微偏远的地方一旦发生战乱或者天灾人祸，又没有电视、电话与电脑，消息不能很快地传达给中央，所以君王们就想到了分封：将全国像切蛋糕一样的划成若干份，你一块来他一块，哪个有功就给哪个吃一块，并且随便你自己怎么吃——诸侯们拥有高度的自治权与决策权，分封地发生了任何事情，他们都可以自行解决。

当然，蛋糕也不能白吃，有了危难，你们记得上！这些诸侯国在战乱的时候要成为挡箭牌，护卫处于中心地带的都城，保障天子的安全。西周时期，都城与诸侯国形成了一个圆形的蛋糕，蛋糕的最中央是都城，无论敌人从哪个地方攻击，首先遭殃的是外围的蛋糕。

这样的分封制度给了地方高度的自由，充分调动了诸侯王的积极性——生产的越多，自己得到的就越多。但是，很快就产生了新的问题。好比企业的加盟制度，刚开始的时候，加盟制度能让企业迅速扩张，因为每个店主自己都是老板，除了上交加盟费，剩下的都是自己的。但时间一长，各个店主各打各的小心思，想着办法脱离总部的管理。如果你发挥聪明才智把自己的诸侯国搞得比中央还好，比周围的诸侯国都好，却只有跟别人一样的政治待遇，你心里能平衡吗？你会听从一个无论经济实力、相貌才能都不如你的人，整天对你指指点点、骂骂咧咧吗？国家一强大，野心会膨胀。于是，诸侯争霸，天下进入春秋战国时代，周天子成了一个政治花瓶。谁的实力强，谁就是真命天子。

到了西汉初期，刘邦为了巩固刘家的天下，又重启了被秦朝废除的分封制度。但是，请神容易送神难。随着时间的推移，各个诸侯国的实力逐渐壮大，汉文帝、汉景帝想尽办法削弱诸侯的实力却收效甚微。而现在，主父偃提出的推恩令乃是杀人不见血的绝招——我不说削弱你，打掉你，而是用进一步施恩的方式来瓦解你。他抓住了分封制的漏洞，改变了过去由诸侯王把封地和爵位传给嫡长子的规定，现在由国家下发正式的通知，要求诸侯王把封地分为几部分，每个儿子都有权利继承一块封地。

汉初，诸侯王的爵位、封地都是由嫡长子一个人继承的，其他的儿子们得不到尺寸之地，只能对肥肉流口水，别人吃肉他们喝汤，如果喝得有点响声，还会惹来主人的不痛快与责骂。推恩令不动声色地将地方与中央的矛盾转移成了地方内部的矛盾，利用人性的贪婪与自私，从内部将敌人瓦解攻破。好比一只烤乳猪，原来只有嫡长子能吃，现在国家有了明确的政策，其他饿了很长时间的儿子们也可以分猪肉吃了，大家还不拼死去抢吗？猪肉总量不变，分的人越来越多，每个人最后只能吃到一小块，还有力气去叛变打仗吗？

这样一代一代地往下分，地的总量不变，分的人越多，诸侯国就越小，再也掀不起什么巨浪。诸侯王的势力在无形之中就被削弱得差不多了，还美其名曰把恩惠推给每个应该得到的人，简称推恩令。

所以，施恩也是个技术活！

面对令汉武帝头疼的长期盘踞京城的豪强世族的问题，主父偃又推出了大手笔！

名门望族们在一个地方待时间长了，必然盘根错节，知法犯法。这些家族不仅势力强大，大部分还跟皇帝及妃子、皇子们沾亲带故。惩罚他们吧，成本太大；不惩罚吧，皇帝想做点大事就会束手束脚。

超高智商的主父偃提出方案，建议汉武帝发起"城市化运动"，让豪强大族们迁到茂陵居住。这招很绝！汉朝每位皇帝的陵园周围都设置了陵邑，并专门迁徙一批人来为皇帝守陵，慢慢地形成了一定规模的城市。而茂陵是汉武帝耗费巨资为自己打造的死后豪宅——陵寝，它是汉代帝王陵墓中规模最大、修造时间最长、陪葬品最丰富的一座坟墓。皇帝下令让豪强巨富们去茂陵居住，谁敢不愿意？让你们为我守陵是看得起你们，一般的人我还不让他去！这是对你们的最大恩惠啊，我升仙以后，还让你们陪伴在身边，多少人梦寐以求，求而不得？

这又是用名义上恩惠、暗地里绝杀的方式解决了历史遗留问题，用笑里藏刀的方式削弱了京城豪强大族们的势力。

大臣、贵族们看到了主父偃的狠和智，纷纷送钱送礼。贿赂源源不断，主父偃收到手软，他常常根据别人贿赂的多少，来决定"推恩"的多少。有人跑来劝他：你这样下去不行啊，太高调了，会招来灾祸的。

可是，多年求职的心酸与委屈犹如千万根刺扎在了心里，狠心是因为太恨。主父偃说道："我从发奋读书到游学求职，四十多年都无法实现愿望。父母不待见我，兄弟不收留我，周围的人嘲笑我，我穷困潦倒，流落街头。死有什么可怕？如果大丈夫不能活得精彩纷呈，那就死他个轰轰烈烈，哪怕用大锅烹煮了我，又如何？"主父偃飘了，竟然将手伸向了诸侯王们。

他曾经在齐国、燕国、赵国等地求职的时候受尽侮辱，如今他要加倍奉还。他逼得燕王、齐王自杀，赵王害怕，其余诸侯王惶恐。赵王先发制人，告发主父偃收受贿赂，结党营私，逼死齐王。汉武帝大怒，将主父偃打入大牢。但是，武帝不久又念及主父偃的功劳，不想杀他。这个时候，还在担任御史大夫的公孙弘站了出来——他早就想除掉主父偃这个厉害的竞争对手了，机不可失，时不再来。他赶紧对着汉武帝煽风点火：齐王可怜，没有后代，封国也被废除了，主父偃乃是罪魁祸首。陛下不杀他，如何向天下人交代？

公孙弘是个内心狠毒、外表平和的人。他先用齐王之死唤起武帝的同情心，又用主父偃引起公愤，唤起武帝的决心。不杀他，其他大臣会服吗？诸侯王会服吗？万一大家造反怎么办？总不能为了一个孤胆英雄而犯了众怒吧？

汉武帝点点头，咬咬牙，一挥手，主父偃被灭族。他死后，居然没有一个宾客替他收尸，只有一个叫孔车的平民百姓好心埋葬了他。

汉朝找工作特别卷，你得想办法提高自己的名气，让人发现你，知道你。如果名气不够大或者不想疲于奔命，还可以参加朝廷组织的正规笔试，凭借自身的实力在考场上一决高下。

第三章

(考试卷)

/

让我在考场上亮瞎你的眼

/

　　秦末战乱让公立的、私人的教育基本都停止了，学问精深的人比大熊猫还要稀少，偌大的国家总要有人来管理吧？有本事的如张良等不是功成身退了，就是七老八十了。而在战争中成长起来的那帮人，一个个功高盖主，趾高气扬。皇帝们急需重新启用一些底层的人才，这些人最听话也最好用。

　　怎么找到并任用那些有本事的人呢？怎么培养有利于王朝统治的人才呢？

　　刘邦及其继承者们伤透了脑筋，想方设法挖掘、招聘人才，由刚开始的征辟制度、任子制度，逐步形成了科学有效的察举制度。皇帝下令有一定级别的大臣们按照要求推荐各个专业性的人才，然后进行考试、面试，再由皇帝"直聘"。这样的招聘考试效率很高，底层的读书人往往一步登天，占据天下时事新闻的头条，反过来，又强烈地刺激了大家读书学习的热情与欲望。

　　刘邦曾发布过一份著名的招聘公告——《高帝求贤诏》："……贤人大夫，有肯从我游者，吾能尊显之。布告天下，使明知朕意……"到了汉文帝时期，皇帝在治理国家中遇到了很多困惑与疑问，国家迫切需要各式各样的人才：会写文章的，会教书的，能打仗的，懂法律的，能治国的……文帝也发布过招聘广告："诸侯、王公、卿、郡守举贤良方正能直言极谏者，上亲策之，傅纳以言。"他对应聘者提出了更为明确的要求：贤良方正，直言极谏，"以匡朕之不逮"（《史记·孝文本纪》）。就是让大臣与地方官员们举荐公正无私、敢于直谏、学识渊博的人，提出治国的具体建议与方略。儒生、百姓、官吏都可以应聘，只要勇敢的斗士，不要好好先生。皇帝就想选拔一些敢讲话、有见识的人。

为了考察应聘者的真才实学，汉文帝创造性地制定了笔试环节——策问。皇帝亲自出题，主要题目是国家目前存在哪些问题和失误，老百姓有什么想法等。考生在竹简上写出命题作文，类似于现在公务员考试中的申论。不是让你来发牢骚，而是要提出切实可行的解决方案。接着，考生们的文章被密封起来，由专人保管，防止作弊。最后，皇帝亲手拆开密封卷，批阅打分，再根据考生的分数高低安排相应岗位。

在这样的考试中，汉文帝相当于考试研究中心主任、出题专家、阅卷小组组长、面试主考官等职位一肩挑，后来科举制度中的殿试环节就是由此演变而来。文帝在公元前178年与公元前165年组织了两次大型的招聘会。后来，贤良方正与直言极谏成为汉代人才察举制度中一个重要的考试科目。随着竞争日趋激烈，孝廉科、茂才科等科目也引入了考试机制。

01 超级考霸的悲催人生

考试第一名即将揭晓，皇帝大臣们拭目以待，考生文人们窃窃私语，会是谁呢？

"啊，是他！是他！就是他！"

"原来是太子家的晁老师，难怪这么厉害！"

众人心服口服，因为晁错的大名早已威震天下。

公元前 165 年，汉文帝举办的第二次贤良科考试，吸引了来自全国各地一百多名顶级学霸。晁错的《举贤良对策》横空出世，谁与争锋？朝野轰动。

晁错出生于颍川（今河南禹州），年少的时候跟随张恢学习先秦申不害和商鞅的法家思想。因为聪明好学，精通法家思想，晁错被人举荐进入"教育部"（太常），担任一名基层官员（太常掌故）。后来太常卿（汉代掌礼仪祭祀兼管文化教育的高级官员）觉得小晁聪明伶俐，又勤奋刻苦，派他跟随"先秦活化石"伏生学习《尚书》。他顺利地将几乎失传的《尚书》抄录下来，带回朝廷，成了博士，进入了皇帝参谋与顾问团队。

在皇帝身边，只要有本领，就有大量表现的机会。

他闲来无事，写了一篇文章——《言太子宜知术数疏》，建议皇帝要对太子进行岗前培训，让太子提前掌握治国理政的技巧，否则从职场小白坐上"总裁"龙椅，很难坐得稳。汉文帝看了文章很高兴：有道理，太子就交给你！于是，晁错又担任了太子府大总管（太子家令）。太子刘启称其为行走的"智囊"。

考试获得第一名之后的晁错仿佛找到了升职加薪的捷径，接连写出几十篇政论文，指出朝廷的失误，提出改革的方案。汉文帝与太子都笑了：有此奇才，怎会心塞？

晁错是个实干家，总是针对朝廷存在的各种问题提出有效的解决方案：《言兵事疏》提出如何主动出击匈奴；《守边劝农疏》和《募民实塞疏》提出如何建设边疆，后来汉武帝时期的军队屯田、三国时曹操屯田策略都受其影响。

西汉初期，刘邦鉴于秦朝的苛政酷刑，采取了休养生息、降低税收的政策，不打扰百姓，不搞形象工程，让大家自由地发展与创新，农业、商业飞速发展。只要挣到钱，就能买到地、买到官，社会上渐渐形成了拜金主义风气。很多人纷纷放下锄头，跑去经商，因为来钱比耕田种地快多了。有人开垦土地，有人从事手工，有人煮盐炼铁，迅速积累了大量财富。大家挣到钱以后，又拼命买地买房，导致大量老实本分的农民失去土地，到处流浪。各地随时有爆发起义的风险。

看着老百姓发财致富，腰包渐鼓，各路诸侯眼红了：我们有土地，有队伍，更有权力，凭什么不自己赚钱？于是他们借助权力拼命敛财，最为突出的就是吴王刘濞。他是刘邦的侄子，吴王英布造反被杀后，被封为吴王。借助吴国的地理水路优势，刘濞以"流氓"的方式抢占市场，垄断了煮盐、炼铁、铜矿、钱币等来钱最快的行业，工业、商业、金融一把抓，天天数钱笑哈哈！

富起来的刘濞一上来就是大手笔，免除了吴国的农业税：种地才能收到几个钱？农民们拍手称快：我的眼里只有你，吴王！皇帝怎能比得上你？

钱财、粮草、人才、民心，我都有了，干吗听你的？凭什么你做得皇帝，我就做不得？皇帝时不时收到小道消息：吴王最近挺膨胀！那又怎样？干他？打仗打的就是钱，咱缺的就是这个啊！

大家都忙着赚快钱，全国大量土地无人耕种，粮食收不上来。边疆为了应付匈奴入侵，每天耗费大量的军粮，国家粮食安全受到了严重威胁。汉文帝节衣缩食，舍不得吃，舍不得穿，衣服缝缝又补补。堂堂的一个皇帝，过得还不如诸侯王家里的一个用人。怎么办？

智商极高的晁错想到了绝招，发挥在策问考试中的文采与见识，给汉文帝上了一道奏疏——《论贵粟疏》。疏是大臣向皇帝陈述意见的一种文体，也称"奏疏"或"奏议"。文章一针见血地指出了土地兼并、聚敛财物的做法导致的一系列严重问题，随后提出了解决问题的妙招：重农抑商、入粟拜爵。必须要重视农业，让老百姓安心地在田间地头劳作，他们就不会四处流窜，国家才能平稳地向前发展。

入粟拜爵的方法则以最快的速度完美地解决了国家粮食短缺的问题。晁错建议：无论是谁，都可以用粮食换取爵位、减免刑罚。他又将爵位分为不同等级，采用市场化、低成本运作方式，价格透明，买卖公平，一个爵位多少石粮食，每一级爵位又有相应的优待条件。比如，汉朝初期有规定，商人不能穿丝绸衣服，出门不能坐马车，有钱也没地方花。现在好了，只要献出一定的粮食，高调消费的同时，还能特别有面子。而这些爵位都是虚职，没有实权，相当于朝廷颁发的荣誉证书。

晁错利用人们的虚荣心刺激了消费市场，从有钱人手中把粮食弄过来，他们为了用粮食换"证书"，又会用钱去买粮食——你买我买大家买，瞬间便抬高了粮食的价格。商品供不应求，众人感觉种粮有搞头，纷纷返乡有地。那些没有机会和能力做生意的普通农民也会拼命种粮食：说不定将来有多余出来的，咱也换个爵位显摆显摆。

入粟拜爵让重农抑商政策瞬间得到贯彻落实，朝廷也很快获得了源源不断的粮食，彻底解决了边关粮食短缺、国家财政匮乏等问题。国库充盈，皇帝无忧，无论哪里有灾害，都可以不慌不忙地调度赈灾。钱包鼓起来的汉文帝大笔一挥，下令减少全国的田赋：你们好好耕种，我们不收重税。他又重新收揽了民心。

一个绝招，让国家的发展进入了良性循环状态。

牛人往往能站在时代的最前沿，看到历史发展的大趋势，提出最佳的解决方案。但很多大臣越来越不喜欢晁错，更令大家眼红的是，太子刘启一登基，对晁错言听计从。丞相们着急了：晁错那厮一人抢了我们所有人的闪光灯。一定要找他碴！但晁错埋头工作，也没犯什么错。丞相申屠嘉找来找去，也没找出像样的理由，最后硬凑到一条：晁错曾经为了走路方便，命人凿开了太庙（皇帝们祭祀祖宗的地方）一面墙，做了一个小门。

这算什么罪？算，也不算！如果晁错失去皇帝宠信，这条罪过可以从一到无穷大：对先皇们大不敬，对皇帝不尊重，目中无人，阴谋造反……

申屠嘉及众大臣强烈要求皇帝处死晁错！太狠源自太恨。

幸运的是，皇帝非常信任晁错，出来打圆场：老晁打掉的不是太庙墙，而是庙外空地上的围墙，不犯法啊！

皇帝说不是那肯定不是！申屠嘉一声叹息：唉，过气明星斗不过当红小生啊！心情郁闷的他很快病死了。晁错却被汉景帝提拔为御史大夫，成了跟丞相平起平坐的三公之一。

但是，升得太快，跌得也猛。

为了国家的前途与未来，晁错强烈建议汉景帝削减诸侯国的封地与权力，又写了著名的《削藩策》："今削之亦反，不削亦反。削之，其反亟，祸小；不削之，其反迟，祸大。" 再不"削死"他们，他们就会来"削死"你！迟削不如早削！

他说出了汉文帝、汉景帝两代帝王内心的担忧。

景帝心里痒痒了，但他也明白削藩意味着什么。他让大家先讨论讨论，统一思想再行动。他命令王公大臣们集体讨论，可是没人公开表示反对。一来大家知道这是皇帝本人的意思；二来晁错嘴巴太厉害，思维太活跃，没人说得过他；三来众人等着看好戏——什么东西，一天到晚写议论文，建议这个，批评那个，这不要激起诸侯王反叛了？

谁都明白，削藩的命令一下，晁错将与天下诸侯王为敌，不死也得扒层皮。削藩有利于国家的长治久安，我，万死不辞！晁错一心扑在工作上，佛挡杀佛，魔挡斩魔，不是恩泽后世，就是粉身碎骨。

汉景帝迫不及待地颁布了诏令——削藩，减少诸侯王的封地，收归他们的权力。一石激起千层浪，诸侯王们统统反对：老子本来享受人生，你姓晁的小兔崽子竟然鼓动皇帝剥夺我们的权力？

诏令下达之后的十多天，七个诸侯国在吴王刘濞的率领下，打着"清君侧，诛晁错"的口号联合反叛，史称七国之乱。在这么短的时间里，就能迅速集结大军，哪里来的那么多武器？哪里来的那么多粮草？傻子都能想明白，不削藩意味着什么——诸侯早已壮大到可以随时调动兵力进行反叛，清君侧只不过是个冠冕堂皇的借口。

汉景帝慌了，而大臣们笑了：此刻不弄死晁错，更待何时？他们不去团结一心抗击叛乱，而是趁火打劫攻击晁错。有人立刻向景帝推荐在吴国当过丞相的袁盎：此人长期潜伏在敌人内部，何不听听他的建议？

袁盎曾经被担任御史大夫的晁错查出私自接受吴王刘濞的贿赂，被晁错依法判了死刑。幸亏景帝下令赦免，才被贬为平民，袁盎就跑到了诸侯国混饭吃。如今他好不容易翻身做主，不弄死晁错，誓不罢休。袁盎给景帝献计："诸侯王叛乱不过是为了诛杀晁错，恢复原来封地。您只要马上杀掉晁错，赦免诸侯王的叛乱之罪，他们不就可以退兵了吗？"

汉景帝陷入了沉思：削藩建议是晁错提的，可那是我的想法，杀掉他，天下人该如何看我？如果杀了还不退兵，怎么办？但是，如果杀了晁错，诸侯王们真的退兵，岂不赚大了？唉，枉死晁错的一家人也没多大损失，即使不能退兵，也正好打消诸侯王们的借口。老晁，对不起了！

汉景帝犹豫了很长时间，同意了袁盎的建议。墙倒众人推，早就痛恨晁错的大臣们联名上书：杀晁错，灭全家！景帝一身冷汗：反对他的人居然这么多？唉，先杀掉晁错平息朝廷内外的愤怒吧！稳住自己的龙椅比晁错的脑袋瓜子重要多了。

晁错平时一心埋头干活，不会抬头看人，得罪了一帮上上下下的老鬼和小鬼们。如果遇到力挺他的领导，自然可以把他定性为工作能力突出的独行侠。可遇到嫌弃他的领导，直接将他定性为不懂人情世故的大傻瓜。所以，跟对人很重要！

汉景帝派人到晁错家，骗他说：我找你谈工作。一听到工作，晁错想也没想穿上朝服就跟着出去了。走到半路，来人立刻黑下脸，露出诡异阴险的笑容：晁错接旨，皇帝命令，将你砍成两截（腰斩晁错），灭了你全家！

可怜的晁错当时还穿着"工作服"，一心想着如何帮助景帝平定叛乱，却在懵懵懂懂之中成了替罪羊。皇上，你怎么能这样？怎么能这样啊？晁错的眼神里充满了无助、无奈、愤怒、悔恨，一代能臣干将就这么窝囊地死掉了。

诸侯王退兵了吗？

根本不可能！

前线军官邓公前来向皇帝汇报军情：诸侯王早就准备了兵马粮草，清君侧只不过是借口。杀了晁错只会堵住忠臣的嘴巴，以后谁还敢说实话？谁还敢办实事呢？

哎，哎，老晁，不好意思了！

汉景帝这才下定决心讨伐叛乱，不到三个月就取得了胜利。

有人评价晁错急功近利，削藩的时机不成熟就强制推行。那什么时候是成熟呢？等到诸侯国都发展壮大到无法抗衡的时候？不能看到七国造反，就把坏事都推给晁错。

晁错的削藩建议其实并不是急躁冒进，如果汉景帝始终坚定地支持他，敢于承担责任，一起并肩战斗，击退七国之乱，晁错将是大功臣。汉景帝杀他也就罢了，还把人全家杀了，"文景之治"过分夸大了景帝的作用。

在汉朝，贤良方正科的考试一般是在发生日食、地震等大的自然灾害以后。皇帝既害怕，也担心：是不是我治理得不好，惹怒了老天？于是，他就会召集天下的读书人来共同商量对策：你们可以对朕或者官员们进行猛烈批评，不要担心会说错话，朕要的就是真心话。当然，这也是为了安抚人心——大家看看，面对灾难，我的态度是好的，所以你们不要担心，更不要造反。这一科的考试可以毫无顾忌地写自己所想的观点，所以，更能选出一些真正的人才。

02 他的考场答卷影响了上千年

在汉朝初期，贤良方正科考试也就在文帝时实行过两次，汉景帝时期，基本上没有组织过大型的"招聘考试"。年轻的刘彻即位之后，小伙子热血沸腾，心中大喜：终于轮到我上场了吧！我要打造全新的王朝，尝尝一个人说了算的巅峰快感。

可是环顾周围，没有自己的人，只有以太皇太后窦猗房、皇太后王娡为代表的外戚势力在朝廷张牙舞爪，每天还得向太后奶奶汇报工作。最糟糕的是，太后只喜欢黄老无为的那一套理论。无为而治？休养生息？那我做皇帝还有什么存在感？像秦始皇嬴政那样前呼后拥、一言九鼎、杀伐果断才是帝王的乐趣嘛！

而此刻，世袭贵族们、王公外戚们把持着中央政权，自以为是，想给你皇帝面子就敷衍两下，不想给你面子根本懒得理你。皇帝想要做点事，束手束脚，磕磕绊绊，不是大臣不听话，就是太后常发话，这样做皇帝有什么意思？

想干事，得有人。一个好汉三个帮，一个皇帝万人围！怎么发现隐藏在身边的人才呢？经过仔细研究，西汉初年并不经常使用的"招聘方式"进入了他的视野。

汉文帝的"贤良方正"主要是在发生自然灾害的年份，选择敢讲真话的人收集民意，并非经常举行。刘彻仿佛发现了集中权力、树立权威的绝佳撒手锏，因为考试向来是瓦解贵族利益集团的最好手段。我公平招考、大肆选拔那些听话老实、干劲十足的底层读书人，好不容易从底层考上来的人自然只听我的话，成为我的人。把他们安排到中央与地方各个重要岗位，他们肯定会将我的旨意贯彻到底。如果不听话，我就再举行考试，再选拔一批！

于是，刘彻继位的第九个月，建元元年（公元前 140 年）十月，他下诏要求高级官员们推荐"贤良文学"。这一次，他得到了一个梦寐以求的顶级人才。

此人从小就是个学霸，埋头苦读，心无旁骛。在三十岁的时候，他模仿孔子，招收学生，开设私立学校。为了增加炒作效果，他上课的时候在自己面前挂上一张大布（帷幔），学生看不到他的脸，神秘感就有了。但光靠炒作，没有质量，产品依然成不了名牌，你得拿出真家伙。多年的苦读没有白费，他上课讲得呱呱叫，学生听得猛拍手。

但是，很多学生上了几年课，都没见过他的庐山真面目。神秘感加上真学识，导致他的名气越来越大，被当地的官员推荐参加了"贤良文学"的策问考试。

当时，各地人才齐聚京城长安，汉武帝又亲自出题，推出三道策问题：第一次策问，问的主要是如何让自己坐稳天下（巩固统治）；第二次策问，主要是问治理国家的妙招；第三次策问主要是天人感应——这个问题很有意思，皇帝对人已经没有什么惧怕的了，谁不听话，就砍了谁，可面对自然灾害却总是束手无策，想砍天，也砍不了啊！那就问问人才们有啥解决的办法。

那个神秘人针对汉武帝三次高难度的策问，从容淡定，别出心裁，进行了三次精彩作答，这就是历史上著名的"天人三策"（年份有争议，个人比较赞同《中国历史大辞典》里的说法，是在建元年间提出来的）：系统地提出了"天人感应""大一统"学说和"罢黜百家，表彰六经"的主张。他的名字叫董仲舒。

"天人三策"究竟有什么魔力呢？它最核心的内容就是：论一个皇帝如何在最短的时间内变成人人仰慕的男神。

一是新王改制。尽快改变衣服流行的颜色和建立新的历法。在古代没有广播电视和短视频，改朝换代以后，很多偏僻地方的老百姓并不知道现在是谁的天下。那就改变衣服的主流颜色，比如夏朝流行黑色，商朝流行白色，周朝流行红色。然后，再推行新的历法。因为历法是百姓们关注的焦点，皇帝换谁来做，都无所谓。可哪天耕种，哪天过年，大家都比较关注。衣服的颜色和新的历法让大家瞬间明白：政权变了，皇帝变了，历法变了，我们的衣服色彩也变了，拥护的对象也该变了。这就叫仪式感，用形式来加深大家的直观印象。

二是中央集权。董仲舒第一次提出皇帝就是天子，是上天派下来管理众人的，谁不听话就是跟老天过不去。哪个皇帝听了这套说辞，会不喜欢？谁不听话，我就代表上天消灭他。

董仲舒主张，从上到下，都要讲究礼仪规范，懂得地位尊卑。这样社会才能安定，皇帝的统治才能稳固。

三是储备人才。治理天下靠人才，选拔人才的同时得储备人才，要按照皇帝的想法来培养人才，随时听从召唤。董仲舒建议设立国家最高学府——太学来培养高级人才，设立乡学培育基层人才。有了人才还得重用人才，他建议有一定地位的高级官员，每年必须向国家推荐人才，并将推荐人才的数量和质量纳入高官们的"年终绩效考核"。如果推荐了真人才，有赏；如果举荐了庸才，要罚。汉武帝笑了：你们推荐人才，我来面试，从此以后，人事权统统掌握在我的手中了。

四是独尊儒术。天下只能有一种思想，一派学说，考试、教育、培训只采用儒家课本，其他诸子百家统统靠边站。思想统一才能团结百姓干大事，独尊儒术才能避免吵吵闹闹乱心神。适当地改造儒家学说，为帝王发声，为统治服务。用文化统一，来促进皇帝集权。

五是主张变革。想要治理国家，必须不断改革，冲破重重制度和人为的阻碍。

对于迫切想要干事、收揽大权的汉武帝来说，"天人三策"招招说到心坎，条条迎合心意。他急需要通过造势手段来完成自己封神运动，因为继位的偶然性让他的内心始终耿耿于怀。当年，汉景帝册立栗姬所生的长子刘荣为太子，作为第十个儿子的刘彻被封为胶东王。原本没有任何竞争实力的他，阴差阳错地登上了皇帝宝座，朝廷的权力却掌握在太后和外戚的手中。对于个性张扬霸道的汉武帝来说，要么不坐龙椅，既然坐上了，一切都要由我说了算。

即位之初的一系列问题摆在眼前，热血沸腾的刘彻迫切需要抬高身份，收归权力，而董仲舒刚好送来了新鲜出炉的完美解决方案。

在董仲舒的建议下，汉武帝建立了一整套完善的察举制度来选拔国家储备人才。察举即考察举荐之意。朝廷赋予三公九卿、地方郡守等高级官吏察举人才的权力和义务，让他们按照一定的标准，将各地品德高尚、才干出众、学识渊博的平民百姓、在校学生、在职官吏推荐给朝廷，由朝廷直接安排工作，或经过某种形式的考核（策问等）、面试（面见皇帝，谈论国家大事），再择优录用。如果被推荐的人才能突出，推荐者也有相应的奖励；如果不积极推荐或推荐一些庸才，推荐者也会受到相应的惩罚。这就是汉朝著名的察举考试制度。

作为被推荐者，不管你是平民，还是基层官吏，只要你有足够的信心与才能，能让皇帝接纳你的观点、学识，飞黄腾达乃是分分钟的事情。所以，在汉武帝时期，经常会有人昨天还是个穷困潦倒的书生，第二天就被人举荐到皇帝身边，大谈治国之道，展现学识与才华。

董仲舒的这次策问内容影响了上千年，虽然现在看来，他的理论有很大的缺陷，但却为当时封建王朝的巩固与天下的太平稳定，提出的最佳解决方案。

考试成绩如此优秀，皇帝陛下又特别恩宠，其他人眼红了。

巩固权力之后的汉武帝南征北战，肆意享乐，导致国库空虚，百姓困苦。有一天，皇家祭祖的地方——长陵高园殿、辽东高庙接连发生大火。董仲舒觉得上书劝诫皇帝的机会来了：天人感应是我发明的，得用这个理论劝劝已经失去理智的汉武帝。于是，

　　他在家里起草了一份奏章：看看吧，上天已经发怒了，接连降下两次大火，陛下您得注意反省反省了。

　　不巧，这一天，同为皇帝身边红人的主父偃来到董仲舒家做客，无意之中看到了奏章的草稿。早就嫉妒董仲舒的主父偃偷走了草稿，直接交给了汉武帝，还不忘添油加醋一番：那个老董啊，仗着自己学问高深，目中无人，根本没把陛下放在眼里，在家总跟人说您的坏话呢！您看看这个，他居然还写下来，想干什么？显示他高人一等吗？想拿给别人炫耀吗？主父偃三言两语，就把董仲舒塑造成了目无君上的小人。

汉武帝愤怒了：这书呆子，竟敢私下议论我的过错？读了几天书不知道自己是谁了吗？不过，很快他又冷静下来：董仲舒贡献大，名气大，杀了可惜，也不能服众啊！当年是我接受他的天人感应学说，现在杀他岂不给天下人留下口舌？岂不自己推翻天人感应理论？他当年是说朕是天子，但是也说了，朕得顺应上天，爱护百姓，否则，老天震怒，咱也得吃不了兜着走。

"唉，死罪可免，活罪难逃，罢免官职，回你老家去吧！眼不见心不烦。""好险！请朋友吃饭居然也能被他们卖掉？我这么天真的'宝宝'适应不了阴险的官场。唉，罢了，罢了，反正家里也不缺钱，下岗就下岗吧！知识就是本钱，我继续干我的老本行！"董仲舒又开始办《公羊春秋》辅导班，再也不提政治。

可是，他不在江湖，江湖依然有阴谋。

宰相公孙弘嫉妒董仲舒的才华，自己研究《春秋》一辈子，也没老董那样见解深刻，创意十足。万一哪天皇帝又重新起用他，会不会挤掉我的位置？我都一把年纪了，费了九牛二虎之力，才坐上丞相的宝座，怎能被他人夺走？哼哼，我给他来个明升暗降。于是，公孙弘不怀好意地推荐董仲舒去做胶西王刘端的国相（相当于诸侯国的总理）。

刘端是汉武帝的哥哥，生性凶残蛮横，过去很多有学问的人都做过他的国相，不是被杀死，就是被毒死。公孙弘的险恶居心一看便知：不死，证明我推荐得好；死了，证明你的能力并非传说中的那么强！

好在董仲舒早已成了天下读书人的偶像，刘端对他还算比较尊重：万一杀了董仲舒，怎么向天下的文人们交代？刘端虽然凶残，但并不傻。

不过，董仲舒早已无心官场，朝廷命令他不得不从，只能走马上任。但是他心里很清楚：公孙弘想借刀杀人，刘端阴晴不定，万一哪天神经错乱，挥起屠刀，谁又能救我？董仲舒每天提心吊胆、战战兢兢：做官哪有教书快活啊？生活道路千万条，老命只有这一条，闪人！董仲舒提交了辞职信："我头昏眼花腿抽筋，全身疼痛没得劲，放我回家吧！"

从此以后，他过上了富裕的世外桃源般的生活。对什么事情都不再过问，一门心思埋头读书、写作。没想到，距离产生美，汉武帝越来越想他，碰到难题都会派人过来向董仲舒请教咨询：老董，这个怎么做？老董，那个怎么弄？

读书多，懂得多，天下都在我心中！董仲舒时不时指点江山，激扬文字。

直到他死了以后，皇帝和文人都还很想念他。有一次，汉武帝路过董仲舒的墓地，特地走下马车，向这个大学问家致敬。

自从汉武帝在贤良文学或贤良方正科考试中选拔出了董仲舒，他就时不时下个通知，组织个考试，选拔一些突出人才。一个养猪大叔就因为钻研一部儒家经典而被地方长官举荐，参加过两次贤良文学科考试，最后，鬼使神差地成了皇帝离不开的人。

03 从猪圈到人生巅峰的华丽转身

他出生在西汉时期菑川国（诸侯国）薛县（现在山东省滕州市辖区），年轻的时候，他在家乡干过一段时间"狱警"（狱吏），后来因为不小心触犯法律，光荣下了岗（免职），成了没工作、没地位、没积蓄的"三无人员"。为了填饱肚子，他只能到海边帮人家养猪，天天挑猪粪、刷猪毛。一天下来，全身上下臭烘烘，脏兮兮，脸蛋油腻，身体有味。就这样，浑浑噩噩地过了好些年，眨眼之间，他已经四十岁了。当年贾谊在他这个年纪，已经是汉文帝身边的博士了。

养猪大叔听闻武帝建立了察举制度，很多人因为认真读书、学问精深而被地方政府推荐到朝廷做了官，瞬间不淡定了：在养猪的时候，我还有大把的空余时间，为何不读点书呢？难道一辈子与猪为伴吗？

于是，四十岁的他开始埋头苦读，可是岁月不饶人，总是记不住东西：那就死磕一本书——《公羊传》，反正只要精通一本书，就有资格被推荐了。

《公羊传》是春秋时期，鲁国史官们记录的很多鲁国杂七杂八的历史事件与故事。后来，出生于鲁国的孔子按照年代对这些历史资料进行了重新编排修订，取名为《春秋》。基于孔老夫子

儒家创始人的特殊身份，《春秋》成了儒家的经典课本。因为《春秋》文字过于简单，加上里面的故事年代久远，不太容易理解，又出现了很多教材配套的"完全解读"系列辅导书，对书中的内容进行解释、说明和补充。其中三位"特级老师"的辅导书最出名：左丘明的《春秋左氏传》、公羊高的《春秋公羊传》、穀梁赤的《春秋穀梁传》——合称《春秋三传》。

养猪大叔攻读的就是《春秋公羊传》。虽然年纪大，记忆差，但是我集中精力攻占一座山头，坚持十几年，总会有收获。大叔一边替人养猪一边刻苦学习。《公羊传》研究大师级的人物——胡毋生从朝廷退休回到家乡齐地（现在的山东省临淄市），闲来无事，办起了私立学校。养猪大叔多次前往胡毋生的住处拜访，请教学问。

就这样，坚持学习了将近二十年的养猪大叔变成了学问精深的养猪老头，成了当地的大名人。汉武帝下诏要求朝堂及郡国二千石以上官员举荐"贤良方正""直言极谏"的人士。面对这种新兴的考试制度，菑川国的长官们不知所措：当时读书的人并不多，普遍都是文盲，到哪里找"贤良"呢？如果不推荐一两个真才实学的人上去，咱们肯定会吃不了兜着走。

大家想到了那个养猪大叔：他好像学问挺不错，对，把他推上去。就这样，养猪大叔来到了"一线大都市"——长安，参加了他人生中第一次贤良方正科考试。虽然最终的成绩不是很突出，但也及格了，被留在了朝廷任职。

从一个下岗待业的养猪佬瞬间变成了众星捧月的中央官，

大叔有点蒙圈，一下子没适应过来：我是谁？我来干什么？我又该怎么做？无数的疑问充斥着脑海，众多的质疑萦绕在耳边。为了试试他的才能，汉武帝派他出使匈奴，回来之后，他一板一眼地向皇帝作报告。汉武帝越听越不满：这报告讲得是什么玩意？你是来搞笑的吗？就这么点水平？

皇帝不高兴，大叔把头低。回到家之后，他赶紧装病：唉，伴君如伴虎，还是伴猪比较舒服，赶紧辞职闪人吧！就这样，从极度兴奋到虚惊一场的他主动下岗，回到了老家。

过了几年，汉武帝因为推行改革失败，垂头丧气，又下诏要求郡国和高官举荐贤良文学之士，希望能发掘更多人才来协助自己，走出眼前的困境。因为皇帝要亲自面试，如果被推荐人的不过关，推荐人也要倒霉；过关了，推荐人会得到奖赏。在雄才大略的汉武帝跟前，没点真才实学扛不住。一问三不知，脑袋就被撕。所以，官员们也不敢轻易推荐关系户。

菑川国的长官找来找去，发现海边那个养猪老头挺合适：他长期照顾后妈，行为上很孝顺；又始终坚持读书，学问上过得去——他已经成了《公羊传》研究专家；最重要的是，他曾顺利通过一次贤良方正科考试，应试经验很丰富，贤良文学科考试自然不在话下。把他推荐上去，咱们不太会承担什么风险。

这一次，养猪大爷不乐意了：上一次差点丢了老命，这次死活也不去凑热闹了。他推辞道："我曾经因为缺乏才能而被罢官回家，你们还是推荐别人吧！"但是，菑川国的长官比较来比较去，只有他去参加考试最保险，至少不会被喜怒无常的皇帝叱骂，先交差再说吧！长官们执意推荐。

养猪大爷只得硬着头皮来到长安参加考试。这一次，汉武帝出的题目是"天人之道"——如何才能实现天人合一呢？

大爷还是你大爷。他淡定从容地写下了对策：首先天子自己要做好榜样，仁爱为怀，智谋过人，这样百姓才能信服；想要做到长治久安，必须公平公正地选拔官员、不听没用的意见、不造没用的器物、不妨碍百姓的劳动，赏罚得当，明察秋毫；不能跟老天硬杠，而应该顺应自然的规律（顺应天道），该怎么样就怎么样，不要过分地强求。

文章有点老生常谈，所以，负责批卷的官员认为对策写得没有新意，文字水平也一般，大家一致打出了低分——下等。但是，当他们将考生的试卷及成绩单上报汉武帝的时候，神奇的一幕出现了。

精力旺盛的汉武帝又亲自批阅了试卷，竟然觉得养猪大爷的那份答卷很有内涵，文字质朴，见解深刻——他不是第一，谁是第一？终审说好，那肯定好。就这样，大爷在考试的最后一个环节逆风翻盘了，还被汉武帝紧急召见。你不是之前的那个老头吗？一番交谈下来之后，汉武帝不禁感叹：我之前以为你是个"青铜"，没想到你已是个"白银"了。别走了，留下来好好工作。

养猪大爷一头雾水：我怀揣着以前的破船票，居然还能登上武帝的"航空母舰"？多年前的挫折和长久的学习，让他仿佛悟出了做官真经：只要逢迎皇帝的内心，干啥都能一帆风顺。从此，他在人生将要落幕的时刻如同火箭般飞了起来，一路升迁，最终成为一人之下万人之上的丞相。人老心不老，做事有绝招，腰不疼，腿不酸，一直活到七十九。

他的名字叫公孙弘，西汉著名的丞相。虽然他也曾经迫害过不少人，但是，他特别重视培养读书人，曾在自己的丞相府邸东边造了专门的房屋接待贤士与宾客，和他们一起共同商议国家大事，并用自己的工资、收入接济这些读书人。成语"东阁待贤"（比喻爱惜人才）说的就是他。

汉朝察举制度中的孝廉科一开始不用考试，只要你有名气，就有可能被推荐。但是，名气这东西是可以利用广告策划打造出来的，比如赵宣、郭巨等人。被推荐上来的人未必有真才实学，而推荐人也未必都有一双慧眼，每个人也未必能公正无私。一旦皇帝缺乏识人的才能或者懒得亲自面试，下面的人就会糊弄过关，随意推荐。渐渐地，举孝廉变成了举亲人、举朋友、举有钱人、举官二代。察举制度变得乌烟瘴气。

到了东汉顺帝阳嘉年间，尚书令左雄提出了选拔孝廉的改革方案：在四十岁以上的读书人中选择孝廉，年龄没达到四十岁不得被推荐，防止有些官员提拔那些年轻的、没读过几本书的富二代、官二代；孝廉们要参加笔试，测试他们的儒学功底与实际才能，对于被推荐为孝廉的基层官吏，还得测试公文的写作；通过第一轮测试之后，合格者还要到御史府所在的端门参加复试；最后，朝廷根据考试的实际成绩决定是否录用，安排官职。

这次考试制度的改革称左雄改制，也称阳嘉改制。

左雄改变了以往孝廉没有年龄限制、没有考试、上来就做官的局面，选出了一批真才实学的人。

04 别跟我谈名气，我要的是考试成绩

新制度的推行需要"大棒"的加持，左雄为了杀一儆百，在推行考试的当年，就破天荒地刷掉了一批成绩不合格的孝廉，并让十几个不经考察、胡乱推荐孝廉的官员下岗待就业。所有的人都惊呆了：现在举孝廉也这么"卷"了吗？

在这次严格的考试下，只有汝南陈蕃、颍川李膺、下邳陈球等三十几个人过关斩将，成功突围。事实证明，他们的确成了综合素质极强的一批官员，有的甚至名垂青史。

李膺出生于典型的官员家庭，他的祖父李修，在汉安帝时任太尉，父亲李益曾任赵国国相。他却是一个非典型的官三代，认真读书又不善于交际，孤独但不寂寞，清高但不傲慢。在左雄举行考试的时候，他成绩突出，考上了孝廉，后来又被司徒胡广征辟为下属官员。

李膺为官公正严明，不徇私情。听说他将要担任青州刺史，青州的官员们都很害怕：这下完蛋了，李膺一来，享乐不再。很多人纷纷要求调离青州的工作岗位：在他底下干活，捞不到丝毫油水，万一哪天贪赃枉法的事情被发现，小命可就没了。

李膺凭借出色的政绩和巨大的名声，又从刺史升任为渔阳郡太守，不久，转任蜀郡太守。考虑到母亲年老，无人照看，他便

上书请求辞职。

朝廷岂肯放走这样的人才呢？当时，鲜卑多次侵犯边境，国家需要猛人治蛮人，李膺临危受命，被调任护乌桓校尉。他亲临战场第一线，冒着飞箭与乱石指挥军队。鲜卑冲一次，败一次。

能文能武的李膺成了全民偶像，大家都以能成为他的学生或身边人为荣。有个叫荀爽的人曾经偶然为李膺当过一次"临时代驾司机"，回去之后非常自豪地对别人炫耀道："今天我居然为李君赶车了！"

很快，李膺升任司隶校尉（监督京师和京城周边地方的秘密监察官）。他又干出了一件令他迅速"涨粉"的大事。

当时，宦官张让的弟弟张朔担任野王县（今河南沁阳）县令，残暴不仁，倒行逆施，百姓们敢怒而不敢言。一次，张朔喝醉了酒，看到一个孕妇的肚子圆鼓鼓的，顿时兽性大发：嘿，这么小的肚子，怎么能装下个孩子呢？于是，他一声令下：来人，把孕妇杀了，取出胎儿瞧瞧！

两条人命瞬间就没了。

听闻消息的李膺非常气愤：如果惩办不了人面兽心的张朔，那要我李膺干什么？"魔头"碰到了"硬汉"，张朔也害怕了，赶紧躲到哥哥张让的家中，藏进了一个小暗室里。

即便逃到皇宫，我也得抓你回来！李膺直接带兵上门抓人，拎出张朔，将其正法。张让怒了：打狗也得看主人，何况他还是我的亲弟弟？你居然在我的眼皮底下砍了他？眼里还有没有我？

张让立即跑到汉桓帝那里一把鼻涕一把泪：陛下，李膺不等您的命令，擅自砍人，他的眼里还有您吗？

桓帝气不打一处来，招来李膺问罪：为啥先斩后奏？

李膺一番慷慨陈词："以前晋文公捉拿卫成公回到京城，《春秋》肯定了他的行为；孔子做鲁国的司寇，上任七天便杀掉了少正卯，后人都称赞他。如今我上任已经满十天，一直害怕自己的工作效率不高而给国家造成损失，没想到却因为办案太快而遭罪。既然我的死期快到了，请您再宽恕我几天，让我杀掉那些大恶之徒，再回来受死！"

汉桓帝蒙了：这不是反讽我吗？这不是向我示威抗议吗？可他说得也没错啊！而且他还站在了道德的制高点上，背后又有大批的"粉丝"，如果我因为一个太监而杀了他，岂不与天下的读书人为敌？好汉不吃眼前亏，先放过你！于是桓帝双手一摊，对亲信太监张让说道："小李并没有做错什么啊，你弟弟的确杀了人，犯了罪，让我拿什么拯救你？"

张让竟无语凝噎！

一时间，太监们纷纷收敛锋芒，甚至连休假的时候都不敢出宫游玩。汉桓帝不解：你们这是干啥？放假了也不出去玩玩？太监们扑通一声，跪下流泪：咱们怕李校尉（李膺）啊！万一被他抓到把柄，还有活路吗？

李膺成了违法乱纪者的克星，却成了天下读书人的精神偶像。

当年，李膺担任青州刺史，青州下面的官员基本上都想办法调走了，只有一个人始终无动于衷。他的名字叫陈蕃。

陈蕃最初在郡里担任基层干部，后来被推举为孝廉，参加了左雄组织的第一次考试，获得了不错的成绩，成为郎中（中央储备干部），后来升任乐安太守。有个叫周璆的名人很孤傲，好几任郡守想要征辟他，他都不愿意去。但是陈蕃一来，周璆的心里只有三个字——"就服你"，时不时过来跟陈太守聊聊天。陈蕃也很有个性，平时不爱跟凡夫俗子打交道，却专门为周璆打造了一张"VIP私人订制"床。周璆来的时候，就给他睡；周璆走了，他就把床悬挂起来，不让别人睡。

但是，当朝廷重量级大臣梁冀派人送信过来，请他办点私事的时候，陈蕃却坚决不干：我拿国家工资，凭什么给你办私事？如果是普通官员，肯定求之不得——平时想拍马屁都不知道到哪里拍，现在送上门来，还不往上贴？

梁冀大怒。很快，陈蕃被贬为小县令，但是哥不在江湖，江湖里到处都有哥的传说。后来，名声在外的陈蕃又被朝廷重用，升任光禄勋（总领宫内事务，也可以做皇帝的参谋），与黄琬共同为国家考察官吏、选拔人才。在这样的肥缺任上，陈蕃从不偏袒权贵子弟，也不接受走后门跑关系，弄得那些无法进入权力核心的豪门子弟们极其郁闷：这家伙脑子一根筋，像个瘟神一般挡在了我们升职加薪的路上，怎么办呢？

权贵子弟们联合起来陷害诬陷陈蕃。皇帝扛不住了：我再怎么喜欢你，也扛不住众怒啊！你先回家"凉快"一下吧！

陈蕃下岗了。但是，没过多久，人才紧缺的朝廷又征召他为尚书仆射。当时，宦官赵津、南阳恶霸张泛等人成了当红宦官们的心腹，仗着朝中有人，作恶犯法。太原、南阳二郡太守刘瓆、成缙抓捕并杀掉了这些小地痞。当红宦官们对刘瓆、成缙二人怀恨在心：竟然不给我们面子，那就编个理由，弄掉你们位子。于是，宦官们怂恿汉桓帝处死刘瓆、成缙。

陈蕃和司徒胡广、司空刘茂一同劝谏皇帝，请求赦免刘瓆、成缙等人。汉桓帝脸色铁青：什么意思？你们这是威胁我？在教我做事？刘茂等人不敢说话了。陈蕃却勇往直前，摆事实，举例子，讲道理："以前，洛阳令董宣当面斥责光武帝的姐姐湖阳公主，光武帝不仅没有处罚董宣，还嘉奖了他。为什么现在刘瓆、成缙坚持原则，惩办罪犯，反而被处死呢？宦官误国，残害忠良，请陛下远离小人，顺应民心！"

汉桓帝怒火攻心：你说我不是明君？我不如之前的皇帝？就你看得清？就你会办事？最终，他依旧没有采纳陈蕃的建议，宦官们则更加痛恨陈蕃。

李膺、陈蕃二人虽然没有赢得皇帝的宠信，却赢得了民心，他们成了几万太学生和民间百姓心中的"超级巨星"。当时最高学府太学的学生们将李膺等正直的人士视为"全民偶像"。

在汉代察举考试中，除了孝廉科之外，还有茂才科也比较受考生的重视。这两个科目针对的群体大，官员、平民百姓等都可以成为被举荐的对象。孝廉的条件最为宽松，所以人数最多，而茂才更注重才华与能力的考察。

茂才科，原来叫秀才科，东汉时为避光武帝刘秀的讳，改作茂才（茂材）。西汉的茂才科并不是岁举常科，一开始是为了选拔太学生中最优秀的人才，也就是在每年的"期末考试"中成绩最好的人，才有资格被称为"秀才异等"。他们会被分配到各个重要部门工作。到了东汉，光武帝曾经下令：监察御史、司隶、州牧，每年举荐茂才各一人。此后，茂才科成为岁举（每年固定时间举行），与孝廉并称。孝廉一般由郡里（相当于市里）推荐，而茂才则由州里（相当于省里）举荐，所以茂才的人数不如孝廉那么多。

茂才科一般既注重个人的品行，又强调实际才干，需要有广博的知识和较强的文字能力。一开始也不用考试，但是，随着竞争的加剧，也时不时地组织考试，题目跟特科——贤良方正差不多，都是策问，让考生们写对策。茂才只要考中，直接被任命为县令等官职，而孝廉一开始只担任郎官，然后看个人的表现和任职时间长短，才有机会担任县令等职位。

如果是在职官员，被举荐为茂才之后，就能升职加薪，担任更高级别的官职，类似于现在的公务员遴选。有个长相有点砢碜的才子曾被举为茂才，最终成为一代名臣。

05 人丑就要多读书

东汉陈留太守周防有个儿子，"高富帅"只占了一个"富"字，长相着实有点对不起观众——矮小的身材，还重磅加持了丑陋的容貌。如果不是有个太守老爸，估计就是个典型的"矮穷矬"。但他在拼命学习中变得博学多闻，渐渐地，他成功地将别人关注的焦点从丑脸上引到了才华上。当时，京城文化圈子流行着一句广告词："五经纵横周宣光。"

他就是周举，字宣光，精通儒家五部经典，被司徒李膺赏识，跟着李膺做事。后来，他被举为茂才，顺利通过了测试，担任平丘县令。他将工作中发现的问题写成奏章，经常上书议论国家施政的得失，既文采飞扬，又鞭辟入里。朝廷里正直的官员们看了奏章纷纷感叹：好文章，大才子，这样的人是国家的宝贝啊，不提拔他，还能提拔谁？于是，大家一致推荐周举。

周举升迁并州刺史（类似于朝廷特派的监察官员）。当时并州地区有一个不好的风俗：为了纪念春秋时期晋国被大火烧死的名人介子推，百姓们在他忌日的那个月里，不能生火煮饭，要吃提前煮好的冷食。在没有冰箱的古代，这样吃饭，简直就是摧残自己的健康。因此，每年都有因为长时间吃生冷食物而死去的人。

周举到了并州以后，觉得这种风俗太不人道了：怎能为了纪

念死人而伤害活人呢？下令撤销？可是，一个人怎么能够硬杠长期形成的既定风俗呢？周举想出了一个好办法，写了一篇文采飞扬的文章悼念介子推，然后把这篇文章放在纪念介子推的庙里，一本正经地说道："大冬天不使用明火烧饭烧菜，损害了百姓的身体，这怎么会是圣贤的意思呢？哪有圣贤如此不体谅老百姓的？"

他巧妙地站在圣贤的角度，用圣贤先哲们的身份来教育那些愚昧的人：你们难道觉得介子推是自私的人吗？是残暴的人吗？如果他还活在世上，会赞成这样的风俗吗？这比直接去找人辩论或下达行政命令好得多。

早就对这种风俗敢怒不敢言的老百姓们觉得有道理：总不能

为了纪念死人而折磨活人吧？介子推这么好的人如果活着的话，怎么忍心看着大家生病而死呢？当地风俗的卫道士们、官员们也不好再鼓吹什么延续这一风俗：圣人都是菩萨心肠，怎么会让老百姓受苦呢？如果咱们继续阻挠，岂不违背了圣人的本意？

因此，当地吃冷食的风俗渐渐改变了。

后来，改革孝廉考试制度的左雄推荐了周举为尚书。在周举出任尚书不久之后，左雄又保举冯直出任将军，却受到了周举的弹劾。周举认为冯直曾经"坐臧受罪"（因贪赃获罪），这样的"问题官员"怎能担任将帅呢？他立即上奏皇帝，揭发左雄举荐坏人，看人的眼光不准。左雄和朝廷的老伙伴们都惊呆了：姓周的是脑子坏掉了？还是心肠坏掉了？竟然如此恩将仇报！左雄借酒浇愁，悔不当初，心中暗骂：这个周举真不是个东西，乌鸦还知道反哺呢，他却背后捅我一刀。

周举的心里也不是滋味：老左，你误会我了。他上门找到左雄，先讲了一个小故事："从前，晋国执政大臣赵宣子向国君晋灵公推荐韩厥当了司马（军队监察执法官）。有一天，赵宣子的专车冲犯了人群，韩厥依照军法斩了赵宣子的车夫。事情一传开，很多人都骂韩厥'忘恩负义'，可是，赵宣子却高兴地对大家说：'你们应该祝贺我啊，我推荐的韩司马，忠于职守，刚正不阿，没有辜负我的期望，不恰好证明我看人的眼光一流吗？'"

周举不仅做事能干，口才也一流，他看了看左雄，就把话题转到他们两个人的身上："之前您抬举我，把我推荐为尚书，您的确是我的大恩人。但是，我不能为了迎合讨好您而辱没了您的名声吧？那样只能给您带来麻烦和耻辱。只是没想到，您的气度跟赵宣子有点不太一样呢！"

左雄也是个正人君子，心里很快想通了：提拔冯直那样的家伙，以后岂不是给自己抹黑吗？他看着周举，点点头，心悦诚服地说道："我曾经在冯直父亲底下做过事，跟冯直关系也很要好，所以才极力推荐他做将帅。你拿这件事上奏皇帝，是应该的，这本来就是我的过错嘛！"

从此，两人冰释前嫌，成为知己好友。周举用自己的实际行动回答了什么叫作正直——对恩人都可以做到秉公执法，何况是其他人呢？后来，他与仆射黄琼共同辅政，名气很大。皇帝心想：这种让人又惊又怕又佩服的人适合担任什么工作呢？嗯，监督百官的岗位比较合适。于是皇帝又升任周举为司隶校尉（监督京师和京城周边地方的秘密监察官）。

周举行的正，坐得直，所以他能够理直气壮地弹劾那些贪官污吏，又能推荐正直之士，朝廷上下对他都非常满意。可惜老天也许看周举太出色，正当皇帝想任命他为宰相的时候，他却病死了。

在汉朝察举制度的特科之中，有一个科目叫敦厚有行科，跟贤良方正科一样，被举荐人需要参加对策考试，合格的人会能被拜为议郎（郎官里级别比较高的，孝廉出身的一般只是普通的郎官）。有个官二代，不想"拼爹"，而拼自己的实力，在考试中，他的《举敦朴对策》被皇帝评为第一名。

06 即便有个好老爸，我也不拼爹

东汉阳嘉二年（133年）六月初八，京城洛阳宣德亭所在之处，地上突然出现了一个长长的裂缝。在古代，这种由于地壳变动而土地开裂的地裂现象会被解读为：人类做了错事而得罪了地下的魔王或者天上的神仙，会受到仙魔们的惩罚。

事情以极快的速度传到了皇宫，引起了一阵恐慌与骚动。自从董仲舒推出天人感应的理论之后，但凡有什么灾害现象，皇帝们就会举行特科考试，比如贤良方正科，来选拔"专业"人才来解释灾害发生的原因。皇帝们开科考试，未必是真的相信自己遭到了天谴，原因无外乎以下几点：一是为了表明态度，面对灾害，我态度是好的，如果灾害还不消除，咱也没办法；二是为了拉拢文人，让你们考试，给你们编制，你们也应该适当地闭嘴；三是转移矛盾，让读书人尽情地写，最好是能抨击朝中大臣们的专权行为，皇帝乘机杀一儆百，安抚百姓；四是借机选拔自己人，有些皇帝的权力被权臣、外戚、宦官等人架空，他就借灾情的机会，亲自选拔一批忠诚于自己的人——老天都发怒了，我选几个敢讲真话的人，你们总不会反对吧？

到了东汉元帝之后，历代皇帝们都很迷信，一旦出现灾情，就会下诏考试，还专门设立阴阳灾异科、有道科等科目。而这一次，汉顺帝推出了敦厚有行科考试。目的很明确：我要选用老实厚道的人，既能说真话，还能办实事，最主要是对我忠心耿耿。

在这次考试中，有一个骨骼清奇（头骨突出）、脚板有字（龟文）的考生写了一篇《举敦朴对策》。文字质朴，内容尖刻，犹如一把锋利的长枪刺向了黑暗中的猛兽。

文章的第一枪首先刺向皇帝的乳母——宋娥。当年，汉顺帝刘保还是太子的时候，曾经被废掉过。他的乳母（奶妈）宋娥充当秘密联络员，暗中联合宦官孙程等人杀掉了敌对势力，拥立了刘保继位。劫后重生的汉顺帝大肆封赏曾经的好帮手，不仅赏赐宋娥无数金银，还给了她封地和爵位（山阳君）。大臣左雄极力反对：乳母劳苦功高，您给钱也就够了，还搞个王侯般的待遇，有违祖宗留下来的制度啊！

李固在文章里说道："现在宋阿母虽有大功勤谨之德，但加赏赐，足以酬其劳苦。至于裂土开国，实乖旧典。闻阿母体性谦虚，必有逊让，陛下宜许其辞国之高，使成万安之福。"乳母的确有大功劳，但陛下已经给了她大量的赏赐，如果再封侯赐地，那些立下赫赫战功的人怎么想？那些兢兢业业的大臣们怎么想？不过，听说乳母本性谦虚，我想她一定会为了陛下着想，主动辞退封地和爵位吧！

文章的第二枪刺向了外戚宦官集团。这些人世代把持着朝廷里的重要职位，垄断了人才的选拔权，里里外外，不是他们的人，就是他们的追随者。"间隙一开，则邪人动心。利竞暂启，则仁义道塞。刑罪不能复禁，化导以之浸坏。此天下之纪纲，当今之急务。"如此下去，皇帝的权威何在？国家的前途何在？那些满腹经纶却无法施展本领的人怎么想？那些埋头苦干却无法晋升的人怎么想？

文章的第三枪指向了人才考试选拔制度。"陛下宜开石室，陈图书，招会群儒，引问失得，指摘变象，以求天意。"皇帝您要制定科学合理的制度，选拔才能与品德兼具的人来代替那些靠"拼爹"或拍马上位的外戚与宦官们，才能治理好国家，稳固自己的地位。

汉顺帝读着这篇对策，汗流浃背，却津津有味。就像吃着一盘香辣炒面筋——辣，但有嚼劲，很爽！这家伙，还真敢说，不过我喜欢，要的就是这个味！曾经的乳母和宦官乃是拥立我的绝对功臣，没有他们，也就没有我的今天。但是，现在依附他们的人越来越多，外戚们也跑过来钻空子，我这皇帝还有什么存在感？长此以往，谁还会听我的？之前我在太子位置上被废除，万一没有权力，会不会在皇帝的龙椅上被拉下来？

批阅"试卷"的汉顺帝当即将这篇《举敦朴对策》列为第一名，这既是对考生的肯定，也是对宦官与外戚集团的试探。

消息传出，朝野震动。

听到消息的宋娥一头冷汗：好家伙，以退为进，说我谦让有礼，弄得我都不好意思了。我要不上书推辞，既得罪神仙（洛阳地裂），又得罪皇上，还能好好地活下去吗？

宦官们纷纷磕头如捣蒜：这怎么说的？咱们享乐一下，怎么还弄得天崩地裂了呢？得罪人不可怕，咱可以弄死他。现在得罪了神仙和皇帝，吃不了也得兜着走啊！

汉顺帝索性来了个顺水推舟，命令宋娥搬出皇宫，回到自己的府邸——我先拿自己的乳母开刀，看谁还敢不服？此招一出，宦官们吓得脸如死灰，叩头请罪。

从此以后，《举敦朴对策》的作者名震天下。他叫李固，一个不愿"拼爹"、低调刚毅的人。为了这一天的到来，他已经刻苦学习了很多年。

李固是汉中郡城固县（今陕西省汉中市城固县）人，他的父亲乃是大名鼎鼎的司徒（位列三公）李郃，但他从来没想过要靠"拼爹"上位。年少的时候，为了能够安心学习，不受打扰，他改名换姓，跑到很远的地方拜师求学，研习经书。长大之后，他又进入太学，博览群书，尤其对风角（占卜术）、星算（观测天体，研究日月星辰的位置及其各种变化后，预测人世间的各种事物）、河图（古代流传下来的神秘图案，蕴含了深奥的宇宙星象密码，被誉为宇宙魔方）及谶纬（占卜未来，预测吉凶等）之术很有研究。很快，他成了一个学识渊博而又高深莫测的人。同学们却没人知道他爹是谁，他住哪里，因为李固每次回去看望父母，都会悄悄地从后门溜进去，他不想让别人知道自己是名门子弟。

出身名门，才华横溢，还这么低调谦虚，仰慕他的"粉丝"越来越多，向他学习求教的人越来越多，推荐他进入官场的人也越来越多。但是，司隶校尉推荐他为孝廉，他不去；太守推荐他为茂才，他不去；司空抢着征辟他，他也不去。

李固微微一笑：我还有很多知识需要学习，现在还不是出山的时候。当然，也有可能他看不上竞争不够激烈的孝廉、茂才科考试。他要等一个机会，不是证明他了不起，而是证明在最为激烈的竞争考试中，他也能够脱颖而出。

阳嘉二年，李固被卫尉——贾建举荐，参加了敦厚有行科考试。他用惊世骇俗的言论、鞭辟入里的分析、气势磅礴的语句深深地迷住了汉顺帝，折服了大臣们。皇帝直接任命他担任议郎。（孝廉出身的人一般被封为郎中。作为人才储备的郎官也分职位高低，议郎属于皇帝的顾问，不用充当皇帝身边轮流当值的保安，地位比侍郎、郎中高一点。）

但是，迫于压力而低头的宋娥和宦官们不会轻易放过向他们开嘴炮的李固。

一时间，匿名黑信，各地诬告，如雪片般飞来。汉顺帝也陷入了迷茫：难道小李是个沽名钓誉之徒？他的敌人怎么会如此多？快速提拔他，会不会让拥立我的那些功臣寒心？顺帝只能先将李固推向前台，下令查办他。很多正直的大臣在弄清事实真相之后，才发现那些黑信都是诽谤，绝对的诽谤。但是，汉顺帝并没有立即释放李固，也许他在平衡功臣们的怨气，也许是在试探他们的底线。过了很长时间，李固才被释放，还被调离朝廷，担任广汉郡雒县令。

哎，满腹才华、一腔热血竟然落得如此下场。他直接裸辞，回到老家，关起门来，不跟任何人交往。

汉顺帝的老丈人梁商被封为大将军以后，一直低调谦虚，任人唯贤，选用了一批正直人士担任他的助手，其中就有李固。永和三年（138 年），日南郡象林县（今越南地区）蛮族首领区怜率兵叛乱，当地州郡长官围剿了很长时间，却毫无效果。粮草跟不上，援兵等不到。消息传来，顺帝赶紧召集百官们商量对策。大家纷纷叫喊：这还得了，一个字——打！众人建议征集荆、扬、兖、豫等四州的军队，重新选择大将带兵前去，打他个落花流水。

可是，口号容易喊，实力摆在那。打仗要的是金钱，而不是吹牛。冷静的人都明白，在实力面前，空喊口号只是"炖毒鸡汤"，香气令人振奋，汤却不能喝。李固充分发挥当年的考霸精神，上书反驳大家的观点：如今荆州和扬州自身难保，盗贼四起。长沙郡和桂阳郡的士兵已经多次被征发，片刻没得到休息，他们吃得消吗？兖州和豫州倒是有兵可征，但是象林县离这边十万八千里，此番前去，背井离乡，生死未卜，他们愿意去吗？如果逼得太急，万一他们也叛乱怎么办？而南方地区天气潮湿炎热，弄不好就会染上传染病，咱们大军长途跋涉，到了那地方，士兵们水土不服，疲劳不堪，还能打仗吗？打了还能赢吗？

按照正常的速度，大军也得走上三百天才能到达日南郡。这么远的路，粮草怎么解决？国家现在有这个运输实力吗？到时部队打光了怎么办？继续征兵吗？现在的问题不是援兵的问题，而是长官的问题。只要选派有勇有谋、仁慈爱民的人担任边境的郡太守和州刺史，牢牢控制日南郡附近的交趾郡，让他们坚守不出，再策划反间行动，收买蛮夷部落内部的成员，答应给他们封侯、奖赏等实实在在的好处。让他们内部人相互攻击，自相残杀，咱们在一旁看戏，岂不更好？

大臣们脸上的表情足以说明三个字：就服你！皇帝脸上的表情足以表达三个字：就你了！

出了这么好的建议，再出两个人选吧！

善于识人的李固推荐祝良为太守，张乔为刺史。果不其然，他们两人一出手，便平定了当地的叛乱。

后来，荆州盗贼四起，到处搞破坏，当地长官控制不住，朝廷任命李固为荆州刺史。半年之后，所有盗贼全部投降。后来，李固又转任太山太守，当地的盗贼确认过眼神，明白李大人乃是咱们惹不起的人：他老人家一来，别说睡到自然醒了，估计半夜都会被噩梦吓醒。唉，咱惹不起，躲得起，闪人！盗贼们主动逃跑，荆州很快成了有名的"平安城市"。李固的政绩也因此被评为天下第一，升任将作大匠（掌管宫室修建之官，皇家工程的包工头）。因为表现出色，他又升任大司农（管理国家财政的官职）。

但是，正直敢言的人少不了得罪人，李固曾经就揭发过大将军梁冀（梁商的儿子，品行远不如他的父亲）贪污受贿的事情，从而被梁冀一直记恨。汉顺帝驾崩之后，太子刘炳即位（汉冲帝），太后梁妠（梁冀的妹妹）临朝听政，任命李固为太尉。汉冲帝短命归西之时，李固主张拥立贤能的人为皇帝。梁冀却不干：笑话，立贤能的人，我还能独揽大权吗？要立自然要立好控制的儿皇帝了。在他的坚持下，皇太后立了乐安王之子、八岁的刘缵（即汉质帝）。

李固和梁冀的矛盾也因此更深了。

汉质帝因为在人群中指着梁冀喊了一句"这是跋扈将军！"

就再也没机会看到第二天的太阳——梁冀安排人在饭菜中下毒，让年幼的质帝静悄悄地离开了人世间。然后，梁冀又不顾众人的阻拦，立了刘志为皇帝（汉桓帝）。追随依附梁冀的宦官们纷纷向汉桓帝打小报告："当年您即位前，大家都纷纷拥护，只有李固和杜乔两个人极力反对，他们觉得您的能力不足以治理国家呢！"

就这样，新皇帝跟李固也结下了梁子。一边是权臣的包围打击，一边是皇帝的有色眼镜，再厉害的人也躲不过从四面八方飞来的明枪暗箭。最终，李固被梁冀势力集团陷害，死在了大牢之中。

汉朝的皇帝们为了选拔人才，想尽了各种办法，有时也组织正规的考试，从太学博士中选拔适合做官的突出人才进入中央或地方的各个部门。一个孔子的后人在这种考试中成绩优秀，直接从博士被提拔为尚书。

07 打死我也不说

他是典型的含着金汤匙出生的官家公子，孔子的十四世孙，朝廷太师孔霸的儿子。但他不是纨绔子弟，他从小就特别喜欢老祖宗孔子的学问，熟悉儒家经典，精通儒家思想。按照汉朝的规定："吏二千石以上，视事满三岁，得任同产若子一人为郎。"两千石以上官员（地方的最高长官、中央的三公九卿等高级官员），只要在自己的任上干满三年，就可以推荐兄弟子孙一人为郎官。所以，他"拼爹"也可以成为郎官。不到二十岁，他就被推举成为议郎（郎官里级别比较高的）。后来，光禄勋匡衡（凿壁偷光的那位）推荐他参加贤良方正科考试，他又顺利通过了策问考试，成为谏大夫（掌管议论，对朝廷的各种事各种人发表议论）。

小伙子年少气盛，热血沸腾：既然让我干议官，那我就要认真尽责。结果，一个不小心，他跟汉元帝较真起来。皇帝怒了：你一个毛头小子，竟然敢对我指手画脚？就这样，他领着中央的"盒饭"去了地方"跑龙套"，被贬为虹县县令。唉，兢兢业业却比不上点头哈腰，家里又不愁吃不愁喝，弄个芝麻官不如不做——"大爷我不干了！"于是，他辞官回家，学老祖宗孔子收徒讲学，门生故吏遍天下，无形中积累了官场的人脉，也提高了自身名气。

大家都知道了有一个出身名门而又学识渊博的人叫孔光。正是这段时间的反思，让孔光明白了谨言慎行的道理。当自己的建议不被领导认可的时候，就低调谦恭一点，先锻炼本领，隐藏实力，而不是继续在领导耳边嗡嗡。遇到个宽容的领导还好，顶多被骂两句；遇到个心胸狭窄的，小命就没了。

孔光一边修炼自身，一边钻研典籍，在江湖之中，朝堂之上却不时有他的传说。

看他不顺眼的汉元帝去世之后，新皇帝刘骜（汉成帝）即位，征召了孔光为太学的博士。除了在太学教书，孔光还负责协助朝廷平反冤狱，赈济灾民。

汉朝的皇帝会通过各种手段来选拔人才，除了察举、征召民间人才、基层官吏，还会在太学的博士中选拔具有政治才干的人。怎么选拔呢？

考试，策问，根据考生的最后成绩，分为三个等级来安排官职。成绩优秀（高第）的人直接担任尚书，成绩良好（次等）的人担任刺史，成绩及格（不懂中央朝政事务）的人先等编制，诸侯王府有空编的时候，前去担任诸侯太傅（类似于诸侯王的老师）。而孔光在这一次考试中，成绩突出，列为高第，因此，他直接升任尚书，负责朝廷的典章制度和礼节仪式。

新的岗位需要新的知识与技能，博士只懂得理论，办事的能力未必强，对工作程序和规定也不一定清楚。不懂就学，不懂就问。孔光再一次发挥学霸、考霸的精神，当别人在喝酒聊天、谈论美女的时候，他埋头工作，潜心研究。很快，他对历朝历代的典章制度和法令了如指掌，每当皇帝问什么，他总能淡定从容地给出答案。只有皇帝想不到，没有他不知道。

汉成帝点点头：老孔干一行，爱一行，踏实上进，低调谦虚，有前途！皇帝一称赞，好运自然来。孔光接连升任光禄勋、仆射、尚书令（西汉的尚书令和尚书仆射是中央政府主管文书的正、副长官）。

官越做越大，孔光反而越来越谨慎，即使推荐了别人做官，也担心被推荐的人前来感恩，刻意不提自己的名字，所以很多被提拔的人都不知道真正的伯乐是孔光。孔光不仅在朝堂之上小心翼翼，在家里也能不动如山。每次回家休息的时候，绝对不乱传宫里的小道消息。与家人拉家常之时，也从不提大臣和皇帝的野史秘闻。有一次，他老婆听到外面传言，宫里新建了一个温室殿，里面种了很多新奇的树，就问丈夫："长乐宫温室殿是什么样子的啊？里面的树又是什么样子啊？"孔光心里一惊：这老婆子要干什么，宫里的事也是你问的吗？——宫里无小事，说得不好就会脑袋变脑汁。

但孔光没有发火，只是嘿嘿地一笑，转移话题，估计是"老婆，你最新需要什么新衣服啊"之类的话，成功地避开了妻子的追问。他始终坚守自己的原则——凡是朝廷里的闲话，半句都不说，对谁都不说，打死都不说。"讳树"的典故便是这么来的：忌讳谈论温室殿的树木，意思是禁止家人谈论宫廷里的任何事。

小心的确能使万年船，"祸从口出"是永远不变的真理。事实证明：讳树是在险恶环境中极具智慧的处世方式。孔光凭着这

种极为谨慎的性格不断升职，最终成为深得皇帝信任的宰相。在讨论国家大事的时候，如果与皇帝的意见不一致，孔光绝不当面争论，给皇帝留个面子，事后再与皇帝友好商量。在上书言事的时候，孔光总是对已经写好的奏章反复修改，始终认为上书张扬皇帝的过失以求得忠直的美名，是官员的大罪。但是，面对各种冤狱，孔光却能据理力争，绝不枉杀一个好人。

当时有个比较大的案子，定陵侯淳于长因犯"大逆罪"而被判了死刑。丞相翟方进、大司空何武认为：淳于长犯罪之时与六人仍为夫妻，应该杀了那六个女人。孔光却不赞同：淳于长当时抛弃六个小老婆的时候，并没有想到自己所犯之罪会暴露，并不是有意让那些女人脱身。人家早就被抛弃了，还要以夫妻之名判处他们，"名不正言不顺嘛！"再说淳于长犯罪，跟这些小老婆又有多大关系呢？

汉成帝一听，觉得老孔说得有道理，便下令免去了六个女人的死罪。孔光仁义的名声也传遍了朝野。

成帝临死前，任命孔光为丞相。汉哀帝刘欣即位以后，以身作则，提倡节俭，想要干一番大事业。但是，他觉得丞相孔光干事太过谨慎小心，有点磨磨唧唧。正巧，傅太后联合大司空朱博共同诋毁诬陷孔光。

汉哀帝便来了个顺水推舟：老孔，还是回家凉快凉快吧！汉哀帝不仅罢免了孔光，还亲自下诏批评：丞相就是要辅佐君王治理天下的，你以前长期辅佐先帝，却没看到你有过什么忠诚的言语和良好的计谋。现在担任我的丞相也快三年了，你都干了什么？

黄河绝口，山地崩坍，盗匪猖獗，国库空虚，你可曾提出过什么好的建议？你总是一问三不知，点头是是是。我让你来当助手，你却潇洒地放手。对上，你不能匡正我的过失；对下，你不能安抚百姓黎民。你到底来干什么的？耍酷的吗？我看你还是交出丞相的位置，回家养老去吧！

诏书很直接，也客观地指出了孔光的一些失误，但是，未必公正。西汉末期的问题，不是一个丞相就能解决的，外戚专政，宦官受宠，丞相几乎成了摆设。孔光只能在夹缝中生存，寻找各方势力的平衡点，做一些力所能及的事情。

孔光下岗回到了老家，关起门来谁也不见。他能做的都做了：丞相，呵呵，不过是个政治花瓶，我有时想插朵花，却发现周围没有水。外戚把持军政大权，结党营私；宦官横行皇宫内外，不可一世。我这款花瓶不被打碎就已经谢天谢地了。

朝廷在短短的时间里，频繁更换了三个丞相，都无法协调好各方势力，没有一个能比得上孔光。汉哀帝有点后悔了：老孔，没有你的日子，我该怎么办？你老人家还是回来吧！

很快，孔光又升任大司徒（东汉以大司马、大司徒、大司空为三公，是地位仅次于皇帝的三位重臣）。恰在此刻，汉哀帝驾崩，太皇太后王政君启用了自家亲戚王莽为大司马，拥立中山王刘衎为皇帝（汉平帝）。平帝年纪很小，朝政大权由王政君掌控。但是，她的精力没那么旺盛，想来想去，还是亲戚靠谱，直接将国家大事交给了王莽。

而王莽的内心始终有一个愿望：哪天我也当个皇帝！但他知

道，在野心暴露之前，必须要找些开路先锋。找谁呢？孔光不错！他乃前朝丞相，天下大儒，德高望重。因此，每当要打击政敌，王莽就让孔光起草文件，上奏朝廷：老孔，您的文章天下第一，由您来写，皆大欢喜。

孔光心如明镜：你这是要我当你的毒箭头，射中了，是我的错；射不中，还是我的错。唉，被人利用太窝囊，拼死反抗又不是我的性格，一把年纪，都快入土了，还跟王莽这个小年轻硬杠吗？三十六计，走为上计。孔光多次上书朝廷，请求告老还乡：一把年纪干不动了，让年轻人指点江山吧！太后王政君同意了。孔光最终以太师身份退休，一直活到七十岁，死后也是极尽哀荣。朝廷命公卿百官共同送葬，光送葬的车子就有一万多辆。而高调张扬的王莽下场却非常凄惨，死后被愤怒的百姓割下舌头与脑袋，还被后人当作反面典型耻笑了上千年。

孔光连续担任御史大夫、丞相、大司徒、太傅、太师等高官，历经三朝皇帝，前后将近二十年。侍奉的皇帝们还不是明君，他是怎么做到的呢？

谨慎，谨慎，再谨慎；闭嘴，闭嘴，再闭嘴。身怀绝技，却不显山露水；学识渊博，却不高调表现。当个人无法抗衡世界的时候，那就退一步，海阔天空，独善其身。毕竟，给喜怒无常的老板打工，不容易啊！

第四章

（职场卷）

/

给喜怒无常的老板打工，我容易吗？

/

汉朝文人的大老板只有一个——皇帝。为了能够取悦老板，获得晋升机会，有的人使出浑身解数，充分发挥演员们的自我修养，把自己伪装成了变色龙；有的人依靠过硬的本领，帮助老板清除帝国发展道路上的荆棘丛，把自己练成了锋利的开山刀；有的人小心谨慎，学会闭嘴，把自己修炼成了击不破的铁板；有的人凭借老油条般的圆滑，协助老板调节各方势力关系，成为老板离不开的左右手；有的人帮助老板干一些见不得人的事情，成为老板表面批评、暗地重用的金牌心腹；有的人只知道埋头干活，不会抬头看路，最后成了老板的垫脚板。

但是，无论你怎么优秀，如果碰到一个不按常理出牌的老板，最终都有可能落得个粉身碎骨。

01 他靠一张嘴巴打天下

吕后恶狠狠地盯着韩信，喝道："韩信，你竟然敢谋反？还有什么话说？"

无奈、无助、失望、痛苦，萧何骗了我，刘邦骗了我，还有谁值得信任？韩信闭上了泪水迷蒙的眼睛：一世英名，叱咤风云，竟然虎落平阳被犬欺，难道是天意？如果当年听从蒯通的劝告，与项羽、刘邦三分天下，又怎会落得如此下场？他长长地叹了一口气，说道："我后悔没有采纳蒯通的计谋，以致被小人所欺骗，难道不是天意吗？"

他面前站着的这个女人，不会同情家人以外的任何人，她会让一切潜在敌人永世不得超生！

吕后命令宫女们用削尖的竹子将韩信扎成了马蜂窝，还将韩信父母、兄弟、妻子家族的人全部斩杀。一代"兵仙"就这样窝囊地死在了手无缚鸡之力的女人手上。

刘邦打完仗回来，听完吕后的叙述，静静地看着眼前的这位奇女子：三下五除二就把叱咤风云的大将军给扎死了，以后会不会对我也这样啊？不过，心腹大患就此除去，而我又没有直接动手，没给人留下不能容忍大将的口舌。刘邦既高兴又悲悯。

历史是由胜利者与强权者书写的，韩信到底有没有谋反，谁也说不清。刘邦又仔细看了看吕后：这个女人够狠，还得让她继续做皇后。刘邦又看了看萧何：这个男人也不简单，于是加封萧何五千户食邑。突然，他又想起了刚才听到的那个熟悉的名字，于是问吕后："韩信有何遗言？"

吕后一直疑惑蒯通是谁，要不要一并杀掉？她回答道："他说，后悔不用蒯通的计谋！"

"蒯通？"想起来了，那不是一檄而千里定，一嘴而郦食其死的辨士吗？我正要找他呢？把当年郦食其的死安在他身上正好，这样史书又可以把我的责任撇开了。刘邦咬牙切齿地说道："我知道此人，他是齐国的辨士，唆使他人造反，实在可恨！"

很快，抓捕蒯通的命令传遍天下。

蒯通被带到刘邦的身边时，一口大锅正翻滚着热水，咕嘟冒泡，两边站着凶神恶煞的卫兵，轻蔑地看着他。刘邦的用意很明显，他要为郦食其报仇：当年你一张嘴盖过了郦食其的风头，让他被齐王活活扔进了大锅，成了"浓汤宝"，今天我也让你小子也尝尝人肉火锅的滋味！

刘邦冷笑一声：当年老子派出去的说客被你几句话熬成了一锅汤，我不去找你算账也就罢了，你却跑到韩信那里出馊主意。他凶狠地说："是你唆使淮阴侯反叛的吗？"

蒯通从容镇定地回答："是，我的确教过他。那小子不采纳我的计策，所以自取灭亡。假如他采纳我的计策，陛下又怎能灭掉他呢？"

刘邦万万没想到蒯通不辩解，不慌张，不接招：这个人不简单啊！难道是死前挑战我的权威？于是他故意大声叫道："来啊，煮了他！"

左右的人走上前去，蒯通一看正是时候，故意扯着嗓子大声喊道："哎呀，煮死我？冤枉啊！"刘邦向左右做了个停止的手势：这老头到底想干什么？爽快地承认了自己的错误，又大喊冤枉。于是刘邦好奇地问道："你都唆使韩信造反了，还有什么冤枉？"

蒯通整了整衣襟，缓缓地说道："秦朝法度败坏、土崩瓦解的时候，山东六国大乱，各路诸侯纷纷起兵，一时间，天下英雄豪杰像乌鸦一样聚集。秦王失去了帝位，英雄们都来争夺天下，最后只有才智高超、行动敏捷的人率先得到它（暗地里吹捧刘邦——你老人家最有智慧，所以赢得天下；刘邦的心里自然美滋滋）。跖（传说中的大盗）的狗对着尧（上古时期部落联盟首领，被司马迁视为最理想的君主）狂叫，并不是尧不仁德，只因为他不是狗的主人。那个时候，我只知道主人是韩信，并不知道陛下（大家各为其主罢了）。况且天下磨刀霍霍、手持利刃而想一统江山的人太多了（蒯通想说，想造反的人很多，也是人之常情嘛，您不也是造反派，只不过大家不如你有能力罢了），只是他们力不从心、智谋不够罢了，您怎么能够把他们都全部煮死、杀死呢？"

短短的一段话，充分展示了辩说技巧，切中了刘邦内心深处的想法。蒯通辩解但不是狡辩，他先承认自己的错误，然后再解释其中的合理原因，用狗比喻自己，自降身份，把对方比作尧舜一样仁德聪明的人，间接而非直白地拍刘邦的"马屁"，而智商在线的刘邦肯定听得懂其中的意思。最后蒯通总结陈词：造过反、

想造反的人太多了，您能杀得过来吗？潜台词就是：天下初定，您马上就大开杀戒，岂不是逼着大家都造反吗？

说得挺有道理！刘邦心想：天下还未彻底平定，就杀掉曾经反对自己的人，岂不让大家跟我离心离德吗？以后谁还会前来投奔我呢？不战而屈人之兵乃是兵法的最高境界嘛！而且，这小老头嘴还挺甜，我本来也是造反派，只不过我刘邦最有本事、最有能耐，所以才赢得天下嘛！

韩信的死让刘邦的内心并不平静：如果当初没有那小子，我不可能打败项羽。况且他也并不是真心想谋反，杀他乃是迫不得已。韩信的音容笑貌浮现在眼前，刘邦内心有一丝触动，帝王之路让他变得心如铁石，但人毕竟不是草木，曾经共同战斗过的兄弟情还是有的。

他摆了摆手，说道："放了他吧！"在众人目瞪口呆的表情中，蒯通全身而退。

要想在职场混得开，嘴巴得要张得开。

当年，陈胜吴广起兵反秦，他们手下的大将武臣率领部分起义军浩浩荡荡地朝范阳出发。在范阳城内的蒯通坐不住了：起义军如狼似虎，如果官府硬抗到底，城破之时，百姓遭殃。让大家开城投降？自己又没权力。去加入起义军？现在去，狼狈而廉价，未必能受到武臣的重视。

蒯通冷静地思考着：是时候展现真正的技术了——三寸不烂之舌还在，怕什么？

现在武臣最想要什么？以最小的代价尽快拿下各个城池，扩充自己的势力。范阳令最想要什么？保住自己的小命，想投降而又在想着能得到什么好处。百姓们想要什么？

蒯通认真分析双方头领的性格、脾气。武臣勇猛刚强而又急躁，吓不得，可以用巨大的好处"罩"住他；范阳令胆小怕事而又贪得无厌，先吓后拉，吓得他发抖，再给点甜头。

他从双方的性格中找出"缝隙"，从共同的利益中找到联合的可能。

经过一晚上的思考，蒯通踏上了游说之路，赢来了他人生中第一次光辉时刻。

他最先选择的是游说范阳县令徐公。经过别人的引荐，他来到早已不知所措的徐公面前，说道："我是范阳的百姓，名叫蒯通，我私下可怜您就要死了，所以过来表示哀悼。尽管如此，我又祝贺您因得到我蒯通而获得了一条生路。"（先吓后拉，然后缩小他的选择范围，你现在只有两种选择：一个死，一个生。充分吊起徐公的胃口。）

徐公早就听说过蒯通的大名，想必此番前来，必有高招。他也顾不得对方说话直接而不礼貌，连连拜谢，问道："您为什么表示哀悼呢？"

蒯通的内心在笑：我这么粗鲁地跟你说话，你都不生气，这是已经担心害怕到什么程度了啊？于是他故意放大声音说道："您做县令已经十多年了，杀死过别人的父亲，使人家成为孤儿；砍去过别人的双脚，使别人成为废人；动用过很多酷刑，使众多人成为冤魂……受您迫害的百姓数都数不过来。大家之所以不敢把刀子插到您的肚子上，是因为他们害怕秦朝严酷的法律。现在天下大乱，秦朝的法律不再管用，那些被您迫害过的人及其家人都将争先恐后地把刺刀刺到您的肚子上，以报仇雪恨，成就功名。如今，各路诸侯都背叛了朝廷，武信君的人马即将兵临城下，您却要死守范阳。城内年轻的人都争着要杀死您而去投奔武信君，这就是我表示哀悼的原因啊！"（吓就要吓到心里去，老百姓不是不砍你，而是没有机会砍。现在天下大乱，你觉得你关起城门就能保住小命吗？百姓们肯定争先恐后扒开你的肚子刺进去。当天下大乱，有人振臂高呼，谁还会压抑自己多年的愤怒？而这愤怒之火最先发泄到谁的头上呢？摆在徐公面前的只有两个选择，容不得他作第三种选择。这样就会引得他主动询问第二个解决方案。）

范阳令虽然装得若无其事，内心的小鼓却已经咚咚乱捶，他故作冷静地问道："您为什么祝贺我得到您？我能得到一条什么生路呢？"（大军压境，守不一定守得住，降未必能保住富贵名利。徐公正处于犹豫不决的时刻，他也担心，万一这小子是来骗钱的，然后一走了之怎么办？把你的想法跟我先说说。）

蒯通说道："您应该马上派我去面见武信君（武臣），我可以去说服他接纳你，这样你就可以转祸为福了。"然后他详细说出了自己的想法，能够为徐公带来什么样的好处。县令频频点头：正合我意，正合我意。他赶紧准备车马，派蒯通前往武臣阵营。

蒯通带着县令的委托，顺利地来到武臣那边。武臣对他的到来，算不上热情，也算不上冷漠，而是坐在帐篷的火堆旁就餐，餐盘里食物并不丰富。他斜瞟了一眼蒯通，淡淡地说道："我已经将范阳团团围住，不日即可攻下城池，你这是来投降的吗？"

蒯通知道武臣想给他一个下马威，降低谈判的成本。他从容不迫地走上前，直截了当地说："您如果一定要打了胜仗而后夺取土地，攻破了守敌然后占领城池，我觉得这样的做法并不高明。您如果能听从我的计策，不用损兵折将而能拿下各个城池，不用强攻厮杀就可以得到充足粮草。您只要坐在这里，发出一纸征召文告，就能平定多个城池，获得广阔的土地，您觉得怎么样？"

蒯通用奇特的方式勾起了对方的好奇心。武臣突然来了兴趣，示意蒯通坐下，然后急切地问道："你说的是什么意思？"

"如今范阳令正在调动全城的人来坚守抵抗，可是我很了解他，他胆小怕死、贪恋财富而又爱慕虚荣。他本打算第一个前来投降，又担心您会像对待之前秦国任命的官吏一样杀死他。如今范阳城里的年轻人正谋划着杀掉县令，然后准备共同固守城池来抵抗您。（稍微吓一吓，增加对方的烦恼。）您为什么不让我带上您的侯印，委任范阳令，给他个像样的官做做呢？那样，范阳令就会立即把城池献给您，城中的年轻人也不敢再杀他们的县令而来抵抗您了。然后，您再让范阳令坐着豪华的车子，来回奔驰在燕国、赵国的郊野，故意让大家看到。人们肯定会到处传颂您的恩德——看看，范阳令最先投降，得到了这么优厚的待遇，投降有什么不好呢？我们为什么要给暴秦卖命呢？这样一来，燕、赵地区的城池就可以不用强攻而争着过来投降了。这就是我说的发出通告就能平定广阔土地的计策！"

蒯通深知起义军的劣势：粮草短缺，疲惫不堪。如果用一个官位就能得到一座甚至几十座城池，何乐而不为？蒯通已经把人性琢磨透了：只要能得到比现在更大的利益，那些拼死抵抗的官员们又怎么会执着地固守城池呢？为秦朝卖命已经得不偿失了，何不乘机捞一笔？

武臣非常兴奋，大为感慨：范阳出奇人啊！他立即派遣蒯通赐给范阳令新的官职，给他坐最好的车子，让他在燕赵之地来回奔走炫耀。给那些筋疲力尽、正在抵抗的人最强烈的视觉震撼和内心冲击。他们真真切切地明白了：投降起义军，不仅能保住现有的地位，还能升职加薪有面子。因此，原先准备拼死抵抗的守将官吏们不再拼命抵抗，而是开城投降。武臣不费吹灰之力就拿下了三十多座城池。有时候，优待俘虏，不是出于仁慈，而是出于战略。

家乡保住了，蒯通深深地舒了一口气。一夜之间，他的大名也传遍了燕赵之地。绝佳的口才让他在险恶的职场化解了一个个危机，最后还成为汉朝丞相曹参的座上宾。

如果没有口才怎么办？那就闭嘴，彻底地闭嘴，让别人抓不到你的把柄。

02 我来慢慢数一数，二四六七八

他正在安排手下给汉武帝准备马车，皇帝突然心血来潮，坐在车上随口问道："今天总共有多少匹马啊？"

按理说，作为太仆的他对皇帝的车架、马匹配置了如指掌。可皇帝突然这么问，会不会有什么问题？是不是马的数量有变化？还是今天的马配置不得当？到底出了什么问题呢？

他不断思考着：到底怎么了？平时不都是六匹马吗？算了，我还是数数吧！他没有立即回答平常的马匹数量，而是不动声色地将马数了一遍，确认过它们就是那些马。然后，他恭敬地对车里的汉武帝答道："六匹！"

一旁的人惊呆了：太仆是不是谨慎过头了？一眼扫过去就是六匹马，他还掰着手指头数来数去。这就是"数马"典故的来历。后来大家将孔光的"讳树"与此人的"数马"放在一起，构成一个成语——"讳树数马"，表示居官为人忠诚谨慎。

"数马"的主人公叫石庆，乃是汉武帝时期的丞相，为人忠厚老实，谨小慎微。在担任丞相之前，他当过沛郡太守、太子太傅、御史大夫等官职。

石庆年轻的时候曾担任过汉武帝的太仆（掌管皇帝的舆马和马政，位列九卿之一），他深知伴君如伴虎，遇到事情多问几个

这老头，咱们总共四只小鸭在他眼前，他还得数来数去，是不是该吃药了？

为什么，不可莽撞行事，否则触犯龙颜，必定身首异处。这样的性格跟他的家庭教育有很大的关系，石庆在他的家族中算是比较马虎的了。

那么，石家又是一个怎样的"奇葩"家族呢？凭着谨慎得近乎"变态"的家风，每个人都混得风生水起。

石庆的父亲石奋在十五岁的时候就做了个没品级的官职。虽然没品，却有料，因为他可以近距离伺候汉高祖刘邦。石奋始终恭恭敬敬，跟那些追随刘邦打天下的大老粗们一比，简直就是个安静的美男子。刘邦点点头：这孩子年纪虽小，修养却不少，肯定从小家教就不错。于是刘邦随口问道："小石，你家里怎么样，还有什么人吗？"

石奋恭敬地回答道："我家里非常贫穷，只有失明的母亲跟一个还没出嫁的姐姐。"

有个含苞待放的姐姐没出嫁？刘邦的眼睛里闪过一丝兴奋，召来石奋的姐姐进宫谈谈人生、聊聊理想。他见对方长得不错，顺便就笑纳了，直接收入了后宫阵营。石奋也从小跟班一下子成为皇亲国戚，被任命为中涓（皇帝的亲近之臣），全家移民长安城。

从一个不入流的贫穷小子瞬间成为皇帝身边红人，总不免春风得意，一般的人肯定会在兴奋之中逐渐迷失自我。石奋却一如既往的谨慎谦卑，对本职工作以外的事情视而不见、充耳不闻，从不结党营私、迷恋权力。在吕后对刘邦的女人及其亲戚下毒手的时候，石奋一家却平稳过渡，安全脱险。

到了汉文帝时，石奋当上了太中大夫（掌管议论的官）。他没有文才和学问，却将谨慎的优点发挥到了极致，无论侍奉哪个帝王都恭敬低调。在他的严厉教育下，子女们都继承了他的优点。到了汉景帝时候，他的四个儿子因为品行善良，孝敬父母，办事严谨，都做到二千石的官职（俸禄为两千石谷子，在那个时代能吃饱就很不错了，一年两千石谷子算是富裕阶层）。

看着这神奇的一家人，汉景帝开玩笑地说道："石君和四个儿子都是两千石的官员，作为臣子的尊贵都集中在他们一家了，朕干脆封你个万石君算了，哈哈！"从此大家都称呼石奋为"万石君"。

　　汉景帝只不过一句玩笑话，谨慎的石奋立刻想到了其中的危机：自己已是四朝元老，儿子们都官至两千石的高位，一家人算是达到为人臣子的巅峰了，天下哪个家庭会有如此荣耀呢？该收敛了！历史上有多少不知道后退的人最终失去了前进的路。

　　石奋立即上书，要求告老还乡：臣已经走过了四个朝代，该歇一歇了。

　　汉景帝虽然批准了退休申请，却给足了石奋面子，工资不减少，待遇不降低，允许他每年朝见天子的时候不用小跑（小跑表示尊敬，皇帝看到你小跑着见他，心里自然感觉受到尊重嘛），下朝的时候也不用跪拜。这是多大的恩宠，一般的官员还不飘上天？

　　皇帝说，是皇帝的事，做臣子的规矩还是要懂的。即便退休后，过来朝见天子，石奋也从来不用皇帝给他的特权，总是将皇帝放在第一位，严格遵守日常的君臣礼仪，既小跑又跪拜，从不恃宠而骄，时刻牢记自己是谁。多少人能做到如此的定力与修养？

　　石奋对皇帝小心翼翼，对子女严厉教育。

　　有一次，他的四儿子石庆在外面应酬喝完酒，醉醺醺地回家，进入里门（好比现在的小区大门）时没有下车。马车呼啸而过，影响了"小区里"的百姓休息。

　　这还得了？喝醉酒就忘了礼节（进入小区应该下马走路）？现在不下马，将来就有可能下天牢。得让他知道什么是规矩！石奋故意当着全家人的面不肯吃饭。石庆吓出一身冷汗——今宵酒醒何处，老爸的餐桌处。于是，他袒露上身，来了一个负荆请罪：父亲大人，我错了！

脸色铁青的石奋依旧不肯吃饭。家人们一看：不好，老头的倔脾气上来了。大哥石建率领全族的男人袒露上身，前来请求恕罪，那架势，犹如被活埋坑杀之前一般壮烈。

石奋瞟了一眼众人，火候刚刚好，顺势教育石庆道："你作为朝廷的大臣进入里门时，马车飞驰而过，住在这里的百姓们都吓得赶紧回避你，而你却大摇大摆、心安理得地坐在车上，忘记自己是谁了吗？以后还得了？你现在给我滚！滚得越远越好。"说完就喝令石庆走开。这番现场教育极为震撼，从此以后，石家的人进入里门时，都下车走回家。

家长的严格要求能够影响孩子的一生。

担任朝廷郎中令（九卿之一，主要是掌管宫廷侍卫，负责皇帝的保卫工作；如果不是皇帝极为信任的人，很难得到这个岗位）的长子石建，完全继承了父亲的优良传统。他每五天休假回家拜见父亲的时候，先悄悄地进入仆人的小屋，暗地里询问父亲的身体情况，然后拿走父亲的内衣内裤，去门外水沟亲自洗涤，洗干净之后，再交给仆人，不敢让父亲知道。他用亲自洗衣服的方式来表示对父亲的尊敬与爱戴。

有人可能想不通：这也没什么必要吧？不是有仆人么？大丈夫就要干大事，像个仆人洗衣服怎么行？孝顺不是喊出来的，而是做出来的。始终用实际行动坚守孝道，习惯成自然，在朝廷上才能对同僚与皇帝谦恭有礼，自身的失误也就会大大减少。

石建并非胆小怕事，他也会指出皇帝的失误，不过，他指出错误的方式很有意思。每次要给皇帝提建议的时候，只有皇帝与他两个人在场，他才会畅所欲言、犀利直白，而在朝堂上当着文武百官的时候，他就装出口才不好的样子，从来不与同僚和皇帝争论。他从来不在大庭广众之下对着皇帝叫嚣，不为自己留下以死谏诤的美名。

石建把美名与面子留给皇帝，所以一直受到了汉武帝的重用。后来因为父亲去世，他也伤心而死。汉武帝选出太子以后，要选择品行高尚的大臣做太子的老师，他第一时间就想到了石家人。能培养出那么多优秀的后代，教育水平肯定不会差。于是，他将谦恭忠诚的石庆从沛郡太守调任太子太傅，七年以后，又提拔石庆为御史大夫。甚至在丞相被罢免之后，汉武帝综合考虑了石庆的家世声望与历来忠诚的名声，特意下诏："先帝在的时候就十分尊重万石君，他的子孙向来有孝行，因此朕任命石庆为丞相，册封其为牧丘侯。"当时汉武帝四处征战，巡察各地，祭祀神庙，非常需要一个忠诚可靠的人在后方坐镇调度，保障后勤供应。他想来想去，还是觉得石家人最可靠。

如果石庆不是在父亲的教导下变得低调谨慎、忠诚守信，汉武帝绝对不会放心将自己的大后方交给他。皇帝老板的性格多变，脾气不稳，谁能保证哪句话或者哪个动作得罪他而被杀头了呢？

所以，小心驶得万年船，因为吃瓜群众无处不在。

东汉时期的名人杨震通晓经籍、博览群书，对儒学经典研究得很透彻，人送外号——"关西孔子"。名声在外，州郡的长官都争着聘用他，甚至光武帝刘秀还特地下令，征召他入朝为官。可是，杨震不干：我还得继续钻研学问。

到了五十岁的时候，估计他觉得学术研究得差不多了，而且老是拒绝"老板们"的"直聘"也不好，终于点头答应，可以去上班。在担任荆州刺史的时候，他看到有个叫王密的人很有才华，就向朝廷举荐王密为昌邑县令。杨震任职东莱太守（市里的一把手）的途中，经过昌邑，王密欣喜万分：大恩人好不容易来一次，怎么也得带点什么意思意思。东西少了没诚意，东西多了太招摇，怎么办呢？土豪办法，他直接提着黄金前往领导的住处。

杨震心里很失望：这个家伙才干几天县令，就有这么多钱了？于是杨震说道："我这个老朋友知道你的才华与品质才推荐你，可你为何不知道我的为人呢？"你看我是喜欢黄金的人吗？

王密混迹官场，早已变得圆滑世故，他明白有些领导嘴上说不要，其实，只是怕别人知道而毁了大好前程。于是，他悄悄地说："现在是深夜，没人会知道的，您是我恩公，打死我也不会说，您就放一百二十个心吧！"说着就把黄金往杨震身边推。

杨震摇了摇头，一声叹息，说道："天知，神知，我知，你知，怎么说没有人知道呢？"上天知道，神明知道，你知道，我知道，怎么会没人知道？看来老领导还是以前的那个老领导，为官多年也没改变那个廉洁奉公的脾气。王密脸色通红，惭愧至极：我怎么把恩人想得跟我一样龌龊呢？他不好意思地离开了。

有的人自己很谨慎，却没能向石奋那样教育好子女，最终导致家破人亡。

03 猜中了故事的开头，却猜不中结尾

有的人刚开始挺谨慎的，但等到手握大权或者时间一长，可能就不再"委屈"自己，也要体验下"飞一般的感觉"。

西汉时期，一个年轻人曾经以小官员的身份被派到平阳侯家中。他地位虽然不高，但恋爱技巧很高，仗着自己帅气的脸庞，他和平阳侯府中侍女卫媪的女儿——卫少儿眉来眼去。两个年轻人如同干柴烈火，竟然偷食了禁果。但他在平阳侯家的工作任务完成之后，便将挺着大肚子的卫少儿忘在了千里之外。后来他又娶了老婆，生下个儿子叫霍光。

想要搞清后面的事情，我们还得先来说个人——平阳侯曹寿。他是汉初丞相曹参的曾孙，娶了汉武帝的姐姐阳信公主为妻，阳信公主因此又称平阳公主。卫子夫原本是平阳公主家的歌女，十八岁的汉武帝刘彻去探望姐姐平阳公主时，对年轻貌美、风情万种的卫子夫一见钟情。卫子夫因此得以入宫成为皇后。

卫子夫共有一个哥哥两个姐姐，大姐叫卫君孺，二姐就是卫少儿，后来独自生下负心人霍仲孺的儿子——赫赫有名的霍去病。卫子夫还有同母异父的三个弟弟：卫青、卫步、卫广。

一人得道，鸡犬升天。卫子夫家族开启了官场升迁的井喷模式，卫青成为汉武帝最为宠幸的大将。霍去病也官拜骠骑将军，

在出击匈奴的途中见到了亲生父亲——霍仲孺。也许母亲卫少儿从来没有憎恨过霍仲孺，所以霍去病并未憎恨那个不负责任的老爸，还替他买了很多田地房屋与奴婢。在得胜回朝的途中，他又拜访了他的父亲，看到同父异母的弟弟——霍光聪明伶俐，觉得是个当官的好苗子，就把他带到长安亲自调教。

虽然霍光是靠关系进入官场的，但还得靠自己的修为和智商。他侍奉脾气暴躁的汉武帝二十多年，一直谨小慎微，从来没有犯过一次错误。一个人能将某一个优点发挥到极致实属不易，刘备将仁义发挥到极致，成为一方霸主；李世民将纳谏发挥到极致，成就千古美名。

霍光凭借自己的谨慎忠诚赢得了汉武帝信任，武帝临终之时指定霍光为大司马、大将军，与金日磾、上官桀、桑弘羊一同辅佐时年八岁的汉昭帝。后来上官桀等人与霍光产生矛盾，决定先下手为强，发动政变干掉霍光，废除汉昭帝，另立燕王刘旦为帝。但是，政变的风险太大，因为对方也不是吃素的啊！霍光得到消息后，与汉昭帝当机立断，一举灭掉了上官桀父子和桑弘羊等人，燕王刘旦自杀。从此，霍光独揽大权，开启了霍家的美好时代。

有了过命的交情，霍光得到汉昭帝的绝对信任，协助皇帝解决了汉武帝后期遗留的种种问题，拉开了"昭宣中兴"的序幕。虽然霍光在工作岗位上兢兢业业，谨小慎微，可在任用家人上就有点过分了。他的儿子霍禹、侄孙霍云担任统率宫卫郎官的中郎将，霍云的弟弟担任奉车都尉侍中，他的两个女婿分别担任东宫和西宫的卫尉，掌管了整个皇宫的警卫工作；其他亲戚们也都担任了朝廷的重要职位。霍氏家族的人以霍光为中心，打造了一个盘根错节、遍布西汉朝廷的庞大势力网。霍光成了名副其实的太上皇，这也为他家族日后遭遇的大灾难埋下了隐患。

汉昭帝还没来得及生下儿子就病死了，霍光拥立汉武帝的孙子刘贺做皇帝。可是刘贺从小娇生惯养，非常任性，做了皇帝后整天吃喝玩乐，不爱读书，不务正业，烂泥扶不上墙，这样下去如何是好？思来想去，为了大汉的天下，霍光以淫乱无道的理由废掉当了二十七天皇帝的刘贺。

国不可一日无君，怎么办？自己当皇帝？也许想过，也许没想过，但是我都能左右皇帝的废立了，还落个不忠不义的骂名干吗？霍光与大臣们经过仔细商议之后，迎回流落在民间的汉武帝曾孙——刘病已（后来改名为刘询，历史上有名的汉宣帝）继承皇位。虽然拥立宣帝有功，一直谨慎的霍光还是比较清醒的，表示要交出政权。但是，刘病已深沉而有谋略，他搞不清楚霍光是试探自己还是真心交权，而且他根基不稳，贸然接手，可能会成为第二个刘贺。

刘病已死活不肯接受霍光的请求，他拍拍霍光的肩膀：朕没有经验，朝廷的大事小事你先拿主意，再报告给我，你办事，我放心！

霍光见新皇帝如此乖巧听话，逐渐放松了警惕、迷失了自我。他经常与皇帝同乘一辆车。这让汉宣帝浑身不自在：朕的专车怎能与人分享？到底你是皇帝还是我是皇帝？但朝廷上下都是霍光的人，我必须得克制，再克制！

为了霍家的地位永久稳固，霍光竟然插手了皇后的废立，直截了当地请求宣帝立自己的女儿霍成君为皇后。汉宣帝曾经因为宫廷的斗争流落民间，多亏了原配妻子许平君的照顾才得以保存性命，现在富贵了，怎么可能立别人为皇后？最终，汉宣帝还是坚持立了许平君。

霍光倒是没有明确表示反对，但他老婆听说自己的女儿没有被封为皇后，暴跳如雷："什么，我的女儿不能成为皇后？皇帝这是要干什么？没有我们家，他现在还在街头流浪呢！"不行，绝对不行，我的女儿怎么能屈居在平民百姓女儿的底下？她竟然乘许平君快要生孩子的时候，买通医生淳于衍，毒死了许平君。

宣帝伤心欲绝，勃然大怒，立即将淳于衍打入大牢，派人彻查此事，而负责审问的人却是霍光。他听到淳于衍的如实交代，吓得脸都白了：谨小慎微了一辈子，没想到最后栽在自己老婆手里。怎么办呢？交出妻子？辞职回家？向皇帝坦白？

想了很长时间，霍光决定不搞大义灭亲那一套。一来事情宣扬出去，妻子必死无疑；二来皇帝也会对霍家失去信任，他的地位也保不住。最终，他将这件事瞒了下来。但是，纸终究包不住火，汉宣帝通过其他渠道知道了事情的原委。虽然心痛得无法呼吸，但深沉老成的他并没有冲动，因为他要等一个机会——失去的总有一天要加倍拿回来。他暂时咬着牙立了霍成君为皇后，先稳住霍家的人。

忍得有多痛苦与艰辛，爆发得就有多强烈与可怕。

霍光去世后，汉宣帝用皇帝的规格下葬了他，毕竟霍光拥立有功，而且为了国家的强盛兢兢业业，任劳任怨。可是霍光的老婆竟然不思悔改，私自将霍光的坟墓扩大，超过了帝王的规模，这是赤裸而又愚蠢的挑衅！这还没完，当宣帝立自己与许平君的儿子为太子的时候，霍家人居然还想用同样的方式毒死太子。好在宣帝早有防备，暗中使用雷霆手段架空了霍家人的权力。

张扬的霍家人岂能坐以待毙？大家联合起来，准备谋反，搞一场轰轰烈烈的政变。可是，他们没想到宣帝早已经不是他们认识的那个刘病已了，谦恭只是装出来的。汉宣帝没有给霍家人任何机会，旧仇新恨一起算，将霍家子孙后代杀得干干净净，一个不留。皇后霍成君虽然没有参与谋反，却因为无脸活在世上，年纪轻轻的她也羞愧地自杀了。

霍光生性谨慎，却不懂得及时收手，不但没有严格约束家人，还为他们安排极为重要的岗位。妻子狠心毒死皇后，他却没有严加训斥管束，而是包庇隐瞒。如果能学习石奋那样知道将谨慎列入家庭的教育计划，也许就不会被皇帝灭了满门。

在只有一个大老板的古代职场，谨慎小心很重要，因为你说错一句话，哪怕是说了一句公道话，也有可能抱憾终身。

04　说句公道话有错吗?

　　元封元年（公元前 110 年），汉武帝到泰山举行封禅大典。有幸主持及参与组织皇帝最重视的仪式不仅能有面子，更会有位子。身为参与制订封禅计划的太史公司马谈却在半路染上重病，留在了洛阳。没能亲自见证盛世大典，让他遗憾不已；想到自己命不久矣，他心有不甘，因为还有一件大事没有完成。

　　他将儿子司马迁叫到床边，交代后事。

　　自从周幽王、周厉王以后，王道衰落，礼乐崩坏，君王们忙着争霸，大臣们忙着争利，没人重视历史的编修工作。好在孔子凭借一己之力完成了《春秋》，成为后世学者们的榜样。但是，自从战国以后，今天你打我，明天我攻你，大量有价值的史书在战争中丢失和损毁，朝代事迹的记载也中断和停止了。

　　秦汉之际，四海统一，英雄辈出，却无人重视历史文献的收集与整理。司马谈担任太史公以后，掌管国家图书典籍、天文历算并兼管文书和记载大事，接触到大量的古籍文献，广泛阅读各种资料，收集第一手资料，总结历史经验。他的心底深处渐渐产生了一个宏伟的目标——撰写一部通史，为那些有名的、无名的英雄立传，点评他们的人生，启迪后人的智慧。但是，他已经没有精力来完成这项伟大的事业，只能嘱咐儿子司马迁。

握着父亲干枯无力的手，司马迁泪如雨下，用力地点点头，说道："我虽然并不聪明，但是一定会将父亲编写的历史继续下去，绝不敢有丝毫的懈怠与缺漏！"司马谈欣慰地闭上眼睛，他相信儿子能够完成他的遗愿。在他的教导下，司马迁十岁便能熟读《尚书》《左传》《国语》等，长大以后，又带着收集古事、网罗旧闻的目的游历天下，从南走到北，从白走到黑，走遍千山和万水，考察历史人物的故乡，亲历群雄争霸的战场，打听游侠刺客的传说，观看五湖四海的风光。

读万卷书，行万里路之后，司马迁回到京城担任郎中（储备干部）。他因为工作原因又出使各个地方，丰富了阅历，开阔了眼界。在长安任职的时候，司马迁又结识很多文人雅士，比如董仲舒、孔安国（孔子的后人）等。大家相互切磋、探讨各种学术问题，加深了司马迁对历史与现实的理解。

一切准备就绪，司马迁信心满满，要用最高的标准与要求来完成父亲的遗愿，编写一部从来没有过的史书，一部能够名扬天下、继往开来的史书。他摩拳擦掌，夜以继日，埋头苦干，犹如一团熊熊燃烧的烈火。可是一场飞来横祸把他拉入了"冰河世纪"。

当时，匈奴人在作死的路上越蹦越过分，扣留了大汉使臣苏武。汉武帝勃然大怒：这还得了，竟敢扣押我大汉的使者？没说的，直接干他！让他一次蹦个够！

武帝立刻命令贰师将军李广利统领几万骑兵征讨匈奴，让李陵担任李广利的"后勤主任"，负责运输粮草。李广利是汉武帝当红宠妃李夫人的哥哥，军事才能很一般，但他有个好妹妹。李陵是飞将军李广的孙子，名将之后，善于骑射，武功高强：让我当"关系户"李广利的"运输大队长"？丢人，丢人！

年轻气盛的李陵感觉人格受到了侮辱——好男儿就该与匈奴真刀真枪地干。于是他向皇帝请求：让我也率领队伍出征！

汉武帝看出了李陵的小心思：你是耻于做贰师将军的属下吧？出兵可以，但是朕没有多余的马匹装备拨给你。自信过头的李陵立功心切，拍着胸脯说道："不需要战马，臣只要五千步兵，就能直捣单于大本营。"汉武帝高兴地答应了。但是，哪吒闹海，也得配上无敌风火轮啊！

孤军深入的李陵低估了敌人的战斗力，内无粮草，外无援兵，最后被匈奴兵重重包围，拼得只剩十几个人。看着黑压压的匈奴军队，李陵仰天长叹：即使冲出重围，回到大汉，又能如何？当

年爷爷李广战功显赫、一身本领，却始终未能封侯，如今背负家族振兴期望的他已无立功封侯的可能，回去又能干什么呢？有何脸面去见皇帝呢？见了又能说什么呢？在失败的事实面前，辩解永远是苍白无力的。留得青山在，不怕没柴烧！李陵下马投降了。

事情传到朝廷，汉武帝不敢相信自己的耳朵：李广的孙子竟然投降了？可是事实摆在眼前，他愤怒了。善于察言观色的大臣们纷纷落井下石，大骂李陵：什么东西，丢尽了李广家的脸面！呸！汉武帝雄才大略，并不会轻易听信别人的说法，他召问始终沉默的司马迁：你怎么看？

司马迁和李陵虽然同朝为官，但是交往不深，平时连酒都没在一起喝过。想到这几天皇帝为了李陵投降的事情茶饭不思，心情郁闷，他想劝说几句，宽慰汉武帝。而且熟读历史的司马迁明白谗言的龌龊，不愿意看到当今的朝廷形成落井下石的坏风气：别人一有过错，就全盘否定其功劳，这样很不好，以后谁还敢做事呢？

于是他说道："臣平时观察李陵为人，孝顺父母，爱戴士兵，讲究信义，每次战斗都是奋不顾身，获得战功无数。如今他只带领五千步兵，深入敌营，惨遭包围，已经拼尽全力。他最终投降，是不是有难言之隐呢？也许是为了以后借机逃跑，回归大汉呢？"汉武帝渐渐冷静下来：当初李陵急于求成，立功心切，他却没有阻止，只给了那点兵力！当李陵被敌包围，却无人相救，被逼无奈而暂时投降，也情有可原，要不等等再说！不料一个从匈奴逃回来的俘虏报告说，李陵正帮助单于练兵（后来查明，是一个叫李绪的人），准备对付汉军。

什么？该死！汉武帝的怒气彻底爆发了，他不管三七二十一，将李陵的兄弟、妻子杀了个干干净净，一个不留。

正在气头上的汉武帝又将怒气发泄到与李陵相关的人身上，司马迁首当其冲。皇帝心想：这家伙之前极力为李陵开脱，是不是跟他有一腿？是不是也想等待机会跑去匈奴？是不是对朕的小舅子、贰师将军李广利有意见？故意贬低李广利？平时你总是坚持"实录"原则，几代皇帝的缺点你都毫不遗漏的记下来，暗示了你几次，脑袋就是不开窍，半点面子都不给朕，死了也好！（葛洪《西京杂记》记载"司马迁作《景帝本纪》，极言其短，及武帝之过，帝怒，削而去之。后坐举李陵降匈奴下迁蚕室"。）

汉武帝大笔一挥，判了司马迁"诬罔"罪（欺骗皇上的罪），从严惩处，按律当斩。司马迁当然不服：是你主动问的，难道我不回话？难道只能落井下石吗？我与李陵并无交情，也无关系，说出心里的真实想法怎么会是欺君罔上？

一切都晚了！皇帝一声吼，天下抖三抖；皇帝要你死，你得抓紧死。但是父亲的遗愿怎么办？毕生的理想怎么办？就这样死了，值得吗？"死有重于泰山，有轻于鸿毛。"我要活下去，无论如何也得活下去！

根据西汉的法律，有两种情况可以免除死罪：一是以钱赎罪，二是接受腐刑（割掉生殖器）。司马迁并非富二代，只是工薪族，到哪里凑到那么多钱？朋友们现在都躲着他，生怕受到牵连，更不可能借钱。

无奈之下，只能接受第二种选择——腐刑，对男人来说，这是奇耻大辱。即使受了腐刑，也不可能立即释放，还得在牢里关上一段时间。司马迁的思想激烈地斗争着，别人异样的目光与不解，刻薄的讽刺与挖苦，让他几次三番想过自杀。如果不是编史的任务没有完成，他岂能不清楚大丈夫宁可站着死，也不跪着生？岂能不知道身体发肤受之父母，士可杀不可辱？他没有精力去思考世俗的议论，没有时间在意别人的目光。他以前修史是为了完成父亲的遗命和成名的渴望，但是现在修史有了更深层次的考虑。

首先，司马迁希望一雪前耻，为自己争一口气。腐刑对于一个男人来说，精神的折磨胜过肉体的折磨，"太上不辱先，其次不辱身，其次不辱理色，其次不辱辞令；其次诎体受辱，其次易服受辱，其次关木索、被箠楚受辱，其次剔毛发、婴金铁受辱，其次毁肌肤、断肢体受辱，最下腐刑极矣！"

他要完成一部伟大的著作，让后人明白他的良苦用心：我不是怕死，而怕死得没有价值，"恨私心有所不尽，鄙没世而文采不表于后也"。

其次，他希望实事求是，揭开历史的真相。他要弄清人类社会发展的内在规律，重新审视现实、法律、历史、道德、成功等，"究天人之际，通古今之变，成一家之言"。

小人物也能成就大事业！大人物也有残缺另一面！我要实录、直播每个人物的优缺点！

司马迁也在那些与自己同样遭遇的历史人物身上汲取了精神力量："盖文王拘而演《周易》；仲尼厄而作《春秋》；屈原放逐，

乃赋《离骚》；左丘失明，厥有《国语》；孙子膑脚，《兵法》修列；不韦迁蜀，世传《吕览》；韩非囚秦，《说难》《孤愤》；《诗》三百篇，大底圣贤发愤之所为作也。"

哪一个功成名就的人不是历经苦难？哪一个写出伟大著作的人没有遭遇挫折？身处逆境，百折不挠，坚持不懈，才是男儿真正的本色！身体的残缺好过思想的匮乏。

从此，司马迁活着，只为了一个目标——《太史公书》，无论遇到什么事，都不能停止，绝不能放弃。

出狱之后，汉武帝也许是出于同情，也许是出于赏识，也许是出于补偿，提拔司马迁为中书令，掌管机要诏令和奏章，地位非常重要。但是司马迁心里不是滋味：中书令一般由宦官担任，难道皇帝真的把我当成了太监？我忍辱负重、屈辱求生，难道是为了这个职位？唉！罢了，罢了，现在没有什么比写书更重要，正好可以利用职位，调阅各种宫廷资料、历史秘闻。

跟讥笑挖苦我的小人辩解，就是浪费时间，浪费生命！

坚持，彷徨，坚持，悲伤，再坚持……经过多年夜以继日的努力，司马迁终于完成了一部前无先例的通史，包罗上下三千年的政治、经济、军事、文化、天文、地理等，创造了本纪、表、书、世家、列传五种体例，互相配合，互相支撑，形成一个完整的系统。抛开了官方的条条框框，越过了皇帝的种种规定，冷静分析统治者们是非功过，热情赞扬草根们的闪光点，极力歌颂农民起义，客观公正地对待每一位历史人物。

小心翼翼地摸着层层堆起来的竹简，闻着时时散发出来的墨香，司马迁泪如雨下，嘴唇颤抖。完成了，终于完成了，一切忍辱负重、一切卑微苟活都值得了。可是兴奋过后，他又陷入深深的悲哀，身体仿佛瞬间被掏空：现在我活下去的动力和理由是什么呢？"肠一日而九回，居则忽忽若有所亡，出则不知其所往。每念斯耻，汗未尝不发背沾衣也！"

写完《太史公书》的司马迁仿佛人间蒸发，失去了消息，失去了音讯，没有人知道他去了哪里，也不知道他什么时候去世的。他已经达到了忍耐的极限，做好了最坏的打算，他用一部伟大的作品表达了所有的愤恨、悲伤、抗争与思考。但是，他以直录客观的精神写到了汉朝几位皇帝们不为人知的故事，书籍很难在汉武帝时期流传开来。他只能藏之深山，留给后世。

他有一个女儿嫁给大臣杨敞，生下两个儿子：杨忠、杨恽。杨恽自幼聪颖好学，从母亲那里得到《太史公书》，越看越上瘾，越看越喜欢：每一篇文章都布局严谨，每一个字词都饱含深情，每一个人物都活灵活现，每一次阅读都热泪盈眶。这么好的作品怎能埋没深山？如此伟大的著作怎能销声匿迹？等到因为巫蛊之祸而流落民间的汉宣帝继位以后，政通人和，皇帝仁爱，被封为平通侯的杨恽感觉到，该是让外祖父司马迁的伟大著作重见天日的时候了。他上书汉宣帝，献出《太史公书》。从此，中国第一部纪传体通史——《史记》（原名《太史公书》）名扬四海，笑傲古今，被后人称之为"史家之绝唱，无韵之离骚"。

想要在职场平平安安，除了口才、谨慎，还必须得有智慧和头脑。

05 世界这么大，懒得跟你烦

灌夫是西汉的一名武将，他的父亲本姓张，因为曾在颍阴侯灌婴家作门客，吃人家的住人家的，就改了名字叫灌孟。汉景帝时，七国之乱爆发，灌夫随父一起从军。战斗之中，灌孟不幸阵亡，作为儿子的灌夫伤心欲绝，高呼一声，带着家里的十几个奴隶，手握大刀冲入了叛军的阵营中，一直砍到叛军将领的旗帜底下。敌人呆住了：这是哪里来的"猛男"？身负重伤的灌夫被人从战场上抬下来的时候，已经奄奄一息，幸好有人用名贵的草药救了他一命。从此，灌夫名声大噪。

猛人也有猛人的个性，他不喜欢奉承人，平时爱喝酒，特别讲义气，答应别人的事情一定做到，因此很多人喜欢跟他交往，成为他的门客（蹭吃蹭喝的也不少）。

当时的大将军窦婴非常赏识灌夫，两人性格相似，意气相投。窦婴是汉景帝母亲窦太后的堂侄，在平定七国之乱中功劳巨大，被封为魏其侯。汉武帝继位不久，窦太后就去世了，窦家的势力也渐渐衰落。窦婴因为说错话而得罪了皇帝，从此门庭冷落。灌夫因为犯法而闲居在家，两人经常聚在一起喝闷酒。

几家欢乐几家愁。

恰恰这个时候，一个政治明星冉冉升起，他就是田蚡，汉景帝皇后的亲兄弟，汉武帝的亲舅舅。田蚡人长得虽然有点对不起观众，但是嘴巴很厉害，特别能狡辩，特别能拍马。在窦婴当红的时候，田蚡还只是个小官，经常跑到窦婴家里走关系，侍奉窦婴比侍奉自己的老爸还要恭敬。

如今，田蚡渐渐取代窦婴，成了朝堂上的红人。他年轻轻就成为宰相，不免飘飘然。因为看中窦婴家的一块私人田地，田蚡就派人直接去要：我想要你家的地！暴脾气的灌夫大声责骂：姓田的还有没有廉耻？你不如直接抢得了，欺人太甚了！

有一天，田蚡娶小老婆，大摆宴席。王公贵族、武将文臣都前往祝贺。窦婴想约灌夫一起去，瞧不起田蚡小人得势的灌夫不干：我不去，谁爱去谁去！窦婴没办法：你不去，我一个人多尴尬？走吧，就当陪我了！他强行拉上了灌夫。没想到，这一去，灌夫就走上了黄泉路。

按当时的习俗，宾客们都要轮流向主人敬酒。灌夫向田蚡敬酒时，田蚡装作没看见，故意不喝。灌夫压住了怒气，在向一个叫灌贤的人敬酒时，灌贤也只顾和旁边的人交头接耳地说话，懒得理他。满肚子怒气无法发泄的灌夫火了，大骂灌贤："你们这些都是个什么东西？我一个长辈向你们敬酒，站都不站起来，却在那里毫无礼貌地交头接耳！"

现场的人都惊呆了。有人劝灌夫赶紧向田蚡磕头赔罪，可灌夫就是不低头，继续骂骂咧咧。田蚡本来就是故意激怒灌夫和窦婴而抓他们把柄，这下可以小题大做了。他立即下令逮捕灌夫，先按个"不敬"的罪（跟莫须有差不多），然后把早就收集到的灌夫及其亲戚们兼并土地、私养门客的那点事，一股脑地搬出来。准备给灌夫来个满门抄斩，永绝后患。

窦婴急了：这下麻烦大了。田蚡犹如毒蛇，一旦咬人，定会死咬不放，灌夫兄，是我害了你啊！于是嘛，他四处奔走，营救灌夫。汉武帝一看，两边都是皇亲国戚，一时也不好随意下旨杀掉谁，放掉谁。于是让他们公开辩论，让朝廷大臣们评评理。

一介武夫的窦婴哪有什么口才？他在朝堂上只是一味说灌夫的好处：老灌不过多喝了几杯，耍酒疯而已。

田蚡是怎么说的呢？

"天下幸而太平无事，我才得以做皇上的大臣。我平时只是爱好音乐、狗马和田宅。我所喜欢的不过是歌伎艺人、能工巧匠这一类人，不像魏其侯和灌夫那样招集天下的豪杰壮士，不分白天黑夜地商量谋划。他们在心里深怀着对朝廷和皇上的不满，不是抬头观天象，就是低头画图纸，窥测于东西两宫之间。他们一直希望天下发生变故，好立功成大事。我就不明白了，魏其侯他们到底要做什么？到底想要什么？"

田蚡这话太阴毒了，一边把自己刻画成了一个只喜欢游山玩水、吃喝玩乐的世外高人，一边又把别人刻画成了对皇帝不满而图谋不轨的反叛分子。窦婴跟灌夫平时就喜欢结交壮士、招募英雄豪杰，还常常说一些对朝廷不满的话。从这方面来看，田蚡的话有一定的根据，但是，他故意放大危害，就有点落井下石了。汉武帝听了这样的话，会怎么想？那两人的确牢骚满腹，难道他们对我不满？想造反？

　　大臣们没人敢响应，也没人来评理，毕竟两边都是贵族，帮谁都是错。汉武帝问到平时跟田蚡交好的韩安国：老韩，你怎么看？韩安国口才一流，说道："灌夫的父亲为国而死，他冲到敌营，身受重伤，乃是天下的勇士。如果不是有特别大的罪过，只是因为醉酒闹事，逞口舌之争，判他死刑，不合适。从这个方面来说，魏其侯是对的！丞相说灌夫与大奸巨猾的人结交，欺压百姓，积累了数百万家产，横行乡里，从这方面来说，丞相的话是对的！皇帝陛下，您如此圣明，您来裁决吧！"

　　有人可能会觉得韩安国太鬼了，说了等于没说。其实仔细分析，韩安国对灌夫的勇敢与直率是佩服的，他强调了灌夫的成绩，意思是如果调查灌夫没有犯其他的罪，就不要杀他了。但是，如果丞相说的那些罪属实的话，那灌夫也算犯了大罪。他的话只是点到灌夫家人横行乡里，并未强调谋反的事情。因为他的心里很清楚，灌夫不可能造反。

　　田蚡晕了：好你个韩安国，平时跟我套近乎，关键时候打官腔。他气嘟嘟地坐着车离开皇宫，在宫门外碰到了韩安国，立刻把他叫上车，埋怨道："你是怎么搞的？你应该跟我一起对付那个秃老头子（指窦婴没有官职，闲居在家），为何首鼠两端（出自《史记·魏其武安侯列传》，指既要顾这头，又要顾那头，比喻疑虑不决，没有主见，畏畏缩缩），哪一方面都不敢得罪呢？"

　　韩安国并不是一个没主见的人，他只是不想参与无聊的个人争斗，他对田蚡说道："您老人家一个大丞相，为何这么不自重呢？他魏其侯诽谤你，您应当摘下官帽归还给皇上。然后认真地对皇帝说，我因为皇帝的信任侥幸得到相位，本来是不称职的，总有一些失误的地方，魏其侯的批评是对的。如果您这样做，皇上不仅不会冷落您，还会极力称赞您。魏其侯会怎么样？内心惭愧，闭门思过，咬舌自杀。现在别人骂你，你也骂人家，相互对骂，好像两个老女人吵架，多么不识大体呢！"

韩安国极有谋略，善于说话，怼得堂堂的大丞相哑口无言。田蚡满脸通红：是啊，我错了！当时太性急了，的确有失体面。

后来，汉武帝派人去追查灌夫的行为，发觉他的确犯了很多罪，窦婴在朝堂之上的解释完全是偏袒灌夫的。这下完蛋了，窦婴救人不成，还把自己搭进去。病急乱投医的窦婴又干了一件蠢事，他想起汉景帝临死前跟他说过："假如你遇到不测，可以把我的意见呈给后世的皇帝。"此乃先皇遗诏，相当于免死金牌啊！他赶紧兴冲冲地跑去告诉汉武帝。

武帝不解：我老爸真的说过这话？他命人在朝廷保管的各类档案仔细查找，却没发现有这份记录。旧罪未除，新罪又起。田蚡的党羽们抓住机会，纷纷弹劾窦婴伪造先皇的遗言。

汉武帝发怒了：还想用先皇来压我？皇帝的话也是尔等乱传的？杀，统统杀掉！灌夫一家人被处决，同年，窦婴也被斩首示众。可是，阴险的田蚡并未蹦跶多久，他毫无征兆地生了一场怪病，整天胡言乱语。家里人觉得有鬼魂缠着他，就请来一个巫师。一阵"天灵灵，地灵灵，男女妖精快现形"后，巫师一本正经地说道："我看到了窦婴跟灌夫的鬼魂一起守在丞相的周围，正要掐死他。"

田蚡一听：哎呀，不好，快跑！这一跑，他跑进了坟墓——

他被活活吓死了。

斗来斗去，两败俱伤。聪明的人从来不会把自己的精力放在害人上，而是会放在提升自己上。世界那么大，懒得跟你烦。韩安国正是这样一个智慧超群的人。

他自幼博览群书，成为远近闻名的辩论家与学问家，被梁孝王刘武看中，召为助理。韩安国凭借出众的口才与智慧帮助梁孝王化解了几次重大危机，深得梁王的信任。

梁孝王刘武是汉景帝的弟弟，还是窦太后的心头肉。在七国叛乱的时候，刘武站在了哥哥汉景帝这边，协助朝廷平叛了战乱。他地位越来越高，玩心也越来越重，渐渐地，不知道自己是谁了。刘武大兴土木，建造宫殿，甚至铸造兵器，进出排场跟他皇帝哥哥一个样。一系列的骚操作引起了汉景帝的强烈不满：咱俩虽是亲兄弟，但也是君臣啊！窦太后也非常担忧：小武想干吗？就算我护着你，你也不能忘记谁是老大了吧？皇帝开始派人暗中调查，梁王到底是玩心过重，还是野心太大？

刘武急了，赶紧找来韩安国：你去朝廷帮我说个情！韩安国仔细分析了形势——如果贸然前往，有此处无银三百两的嫌疑，于是他决定借助重量级人物的嘴巴来传达自己的话。找谁呢？窦太后与汉景帝都喜爱的馆陶长公主。绝佳的口才搭配"好莱坞式的演技"，韩安国哭着说道："为什么太后对梁王的孝心、皇帝对臣子的忠心，竟然看不到呢？从前七国叛乱时，大家都联合起来跟朝廷作对，只有梁王与皇上关系最亲，为了皇上的安危，他亲自率军拼死抵抗。梁王当时想到这么多亲近的人都叛乱了，皇上跟太后必定在宫中吃饭饭不香，睡觉睡不好，眼泪哗哗地流淌。于是，他下定决心，不顾个人安慰，跨上战马，拿起大刀，与叛军作战。现在太后与皇上却为了一些鸡毛蒜皮的小事而责怪梁王，实在是不明白梁王的一片良苦用心呢！

"梁王的车子、旗帜都是皇帝赏赐的，他想在边远的小县城炫耀炫耀，让天下人都知道太后和皇帝对他的偏爱。现在太后与皇帝却不分青红皂白查问责备，梁王感到委屈害怕，辗转反侧，不知如何是好。为什么太后和皇上不能明白他的孝心和忠心呢？"

韩安国先突出梁王之前的功劳，即使别人都背叛皇上跟太后，他也一直忠心耿耿、不忘初心。然后，他说梁王讲排场是为了突出皇上的威严与赏罚分明的气度，间接地夸皇上聪明有本事。最后，他还不忘表现一下，梁王其实是很胆小的，听到别人的诋毁，惶惶不可终日——如此懦弱的人，怎么可能造反呢？

馆陶长公主被感动了：嘿，梁王太委屈！不能伤了他的心。她赶紧跑到皇宫，声泪俱下，慷慨陈词。窦太后心里的石头放下了：我说嘛，我家阿武怎么会造反？她高兴地说道："我马上把这些话转告给皇帝。"

汉景帝一听：老弟在别人都背叛我的时候，都能坚决支持我，现在怎么可能造反？原来，他高调张扬是为了彰显我的优点与兄弟间的友情啊！唉，是我失误了！他赶紧向太后认错，以后再也不怀疑这个可爱忠诚的弟弟了。

化解危机的高手韩安国得到了窦太后、汉景帝、馆陶长公主的一致称赞。

但是，再厉害的人也有失误的时候，他后来因为犯错而被梁王打入了大牢。牢头叫田甲，总是欺负韩安国。韩安国忍不住说道："死灰难道就不会复燃吗？你知道以后我不会东山再起而找你麻烦吗？"（成语死灰复燃出自这里，原比喻失势的人重新得势，现比喻已经消失了的恶势力又重新活动起来。）

田甲平时作威作福惯了，得意地甩出一句话："老东西，死灰要是再燃烧起来，老子就一泡尿浇灭它。"过了不久，冷静过后的梁王不仅赦免了韩安国，还给他升职加薪。田甲顿感不妙，弃官逃跑。韩安国下令："田甲如果不主动回来，就灭了他九族。"

好家伙，我要不死，全家就得死。田甲只能跑回来负荆请罪：韩大人，小的从前不知好歹，您大人有大量，饶过我的狗命吧！韩安国鼻子"嗤"的一声，说道："你撒尿不是很厉害吗？像你这样的人也值得我惩罚？"他不仅没有计较，还让田甲官复原职。

韩安国之所以这样做，一是为了抬高自己的名声，让更多人知道他的宽容大度；二是不想把有效的精力浪费在与小人的争斗上，他还有更重要的事情要做，跟韩信受胯下之辱是一个心理。

梁王刘武去世后，儿子刘买即位。一朝天子一朝臣，韩安国不受刘买的重用而闲居在家。

当时，田蚡如日中天。韩安国明白，想要谋求高位，没人推荐，难于上青天。于是，他拿出大量积蓄跟田蚡套近乎：丞相大人，给安排个工作呗？田蚡笑了：老韩很懂事，去干北地都尉（汉代的中高级武官）吧！后来，表现突出的韩安国又升任大司农（汉代朝廷管理国家财政的官）。

我也有过暗黑的历史，但不妨碍我通透地生活。

师傅领进门，修行在个人。韩安国任用推荐的都是一些廉洁有才的人，做事也有利于国家百姓，从没残害过他人。又因为一个正确的主张，他受到了汉武帝的赏识。

当时，匈奴派使团前来求亲，多数大臣认为没必要和亲：如今我大汉要钱有钱，要兵有兵，还需要低三下四，借女人来讨好小小的匈奴吗？

韩安国却很冷静：大汉的实力还没到可以与匈奴决战的时候，和亲可以避免百姓伤亡，麻痹敌人的意志，为什么不呢？清楚自己当前实力的汉武帝投来了欣慰的目光：老韩看得长远，见识非凡，不重用他，还能重用谁？韩安国又升任为御史大夫（相当于副丞相）。

韩安国遇事懂得谦让，知道什么该干，什么不该干，因此始终受人尊敬。在职场上，除了自己牛，还得有欣赏你的人，否则只能孤军奋战。

06 你上来了，我就不怕了

西汉一位官员也许是不太适应官场的规则，好不容易凭借对儒家经典的深入研究进入了朝廷，却接二连三地被贬，始终在下岗、待就业、被征召、再下岗之中循环往复。他的人生好像成了一个呼啦圈，不断地转啊转。但是，他始终有一个救命稻草似的好朋友，总在他下岗之后，拉他一把。一天，当他听到好朋友升任谏议大夫的时候，瞬间来了精神，赶紧把自己柜子里快发霉的官帽和官服取出来，仔细地弹着上面的灰尘。

别人不理解：你这是干啥？

他嘿嘿一笑：既然王吉都上位了，我的春天还会远吗？

由此引出一个成语——贡禹弹冠，出自东汉班固的《汉书·王吉传》。原本是褒义词，比喻一个人做了官或升了官，他的朋友因此将得到推荐重用，有官可做，应该互相祝贺。后来转变为弹冠相庆，成了贬义词，形容坏人得意，相互庆贺。

两个人相互协助，共同实现美好的理想，未尝不是好事。如果理想不是美好的，而是丑恶的，就另当别论了。

"弹冠"者的名字就叫贡禹。虽然从小家境贫寒，但他埋头苦读，钻研《春秋》《论语》，成为有名的经学家，还成了董仲舒的再传弟子。汉元帝即位后，贡禹凭借"明经"和良好的品行而被中央征召为博士，走上了官场之路。

当时，皇帝也会组织专门针对博士的考试，从他们当中选拔一些优秀的人才到中央或地方担任官职，比如前面提到过的孔光。从贡禹出任凉州刺史来推测，他在选拔考试中应该取得了不错的成绩，至少是中等偏上。他刚开始的官运并不佳，一直在地方待着。

但是，他有个铁哥们叫王吉，也是个学霸。他在《诗经》《易经》《春秋》《礼记》《尚书》等儒家经典的知识与研究上全面开挂，"兼通五经"。人家公孙弘研究了一辈子也就精通一本《春秋》，王吉已经本本精通。名气震天响的他顺理成章地被举为孝廉，成为卢县丞（县令的助理），又因为政绩突出而升任云阳县令。到了汉昭帝时期，他又参加贤良方正科的考试，史书没有记载相关的成绩，但应该不错，因为他之后便出任了诸侯国——昌邑国中尉（掌管治安等事务）。但是，昌邑王刘贺（汉武帝的孙子）乃是个典型的纨绔子弟，吃喝嫖赌，样样精通，游戏玩乐，夜夜笙歌。

汉昭帝去世之后，因为昭帝没有儿子，刘贺莫名其妙地被大臣们迎立为皇帝，王吉也跟着入朝为官。从诸侯国王一跃成为天下之王，角色转换了，刘贺的品性却没转变，他依旧我行我素，想干啥就干啥。王吉多次上书：陛下您得悠着点啊，这不是在偏远的诸侯国了，您现在已经是皇帝了，得有皇帝的样子。

皇帝是什么样子？难道不是更加肆无忌惮地享乐吗？我是皇帝我怕谁？刘贺不解。

敬重大臣，勤于国政，严于律己……王吉啪啪说个不停。刘贺摇摇头说：我不听，我不信。人生在世，不能纵情享乐，那活着有个什么劲？

王吉无语，众大臣也无语：咋找了这么个玩意来当皇帝？掌握实权的大将军霍光提议废掉刘贺：既然你无法适应皇帝的工作岗位，还是回昌邑国去吧！就这样，试用期不到一个月（二十七天）的刘贺领着盒饭回到了原点。那些侍奉刘贺的原班人马大多被杀，只有王吉和龚遂因为多次冒死劝诫刘贺而被定性为忠诚正直的人，免除一死。

汉宣帝刘病已继位，王吉因为品质出众、学问渊博而被征召为博士，不久，又升任谏大夫（给皇帝提建议）。针对当时皇室奢侈靡费、任人唯亲等问题，王吉上疏劝宣帝提倡俭朴，爱惜财力，选贤任能，整顿吏治，废除荫袭（"拼爹"上位）制度；针对早婚早孕导致的孩子经常夭折等问题，他又直接上书，"夫妇，人伦之大纲、夭寿之萌也。世俗嫁娶太早，未知为人父母之道而有子，是以教化不明而多夭"。男人、女人还未成年，连如何做一个好父亲、好母亲的准备都没有，就为了结婚而结婚，怎么能生出健康的孩子？又怎么能教育好孩子呢？要么不生，要么就得优生优育。

不得不说，王吉的思想很先进。

王吉担任谏议大夫之后，的确没有忘记曾经的好哥们，他们不仅有共同的爱好——读书学习，研究经典，还有相同的品格——正直忠诚，犯颜直谏。他向朝廷推荐了贡禹担任谏大夫。

贡禹也尽心尽责，多次上书，反对奢侈浪费和苛重的赋役，以减少人口死亡。他经过认真地调查研究，用深入的分析与具体的数据列出了人口大量减少的原因。一是从天子、王公贵族到富豪人家相互攀比，疯狂炫富。他们的钱从哪里来呢？自然是从百姓身上搜刮的。长此以往，广大人民群众靠什么生存？靠什么吃饭？还没到嘴的粮食就被抢走了，饿死的、冻死的人自然不计其数。

二是国家的赋役繁重。在汉武帝以前，七岁到十四岁的人，每年按人头缴纳二十三钱；十五岁至五十六岁的人，每年缴纳一百二十钱。汉武帝以后，从三岁开始就要缴税了，谁还敢生小孩？生下来就成了累赘。很多人甚至直接杀死婴儿，就因为不想多缴税。所以，应该将缴纳赋税的起始年龄改为二十岁。否则的话，谁来种地？谁来耕田？农业没了，咱们吃什么？他又提出了一个比较极端的建议：废除货币和商品经济。缴税就交粮食和布匹，做生意的人统统回归农田。

这个观点就有点偏激了。从他和王吉两人的建议也可以看出，贡禹的性格相对偏执，而王吉的性格相对稳重。所以在关键时候，王吉总能救贡禹一把。

王吉一生小心谨慎，在险恶的官场上顺利地渡过了各种难关，从一个知县成为朝廷重臣、西汉名臣。他还为子孙后代总结出了为人处世的六字真言："言宜慢，心宜善。"这成了历代子孙牢记在心的座右铭。王家在纷繁变化的历史进程中，经受住了各种考验，从东汉到明清将近两千年的时间里，培养出了涌现出了很多皇后、驸马、宰相等，成为中国历史上最为显赫的顶级门阀家族之一——山东琅琊王氏，有人称其为"中华第一望族"。

据说，王吉从七品知县调任昌邑王府中担任中尉时，从一个老人那里得到一本秘籍，核心思想就是这六个字。当时，他侍奉的昌邑王刘贺荒淫无度，喜怒无常，身边聚集了很多溜须拍马的小人。在这样险恶的官场氛围中，王吉时常感到身体乏力腿抽筋，脑子一片空白无生气。就在此时，他碰到了一个神秘老人（据说是汉武帝时期著名的宰相公孙弘），送给了他一本官场秘籍。王吉仔细揣摩，认真领会，总结出六字真言，并运用到了工作当中。

其实，鸡汤随时都有，随处可见，但能相信并用心实践的人很少，大部分人激情满怀地喝完鸡汤，该干嘛还干嘛。而王吉却是个坚定的行动派，做任何事，说任何话，都要经过认真思考，而且语调舒缓，让听的人感受到尊重和亲切。

曾有一段时间，王吉也利用职权打击报复过政敌，将政敌整得比较凄惨。有个长史叫赵珞，因为与王吉政见不合，被王吉狠狠弹劾而被罢官归乡，很快便生病死掉了。听到消息的王吉很震撼：他的死虽然不是我直接造成的，但我是不是太狠了？难道我不是间接杀死他的凶手吗？

得到六字真言的王吉痛定思痛，从此不再整人害人，不去四面树敌，而是客观公正地对待每个人。

他算是把儒家经典的精髓学到家并运用自如了。他是这么说的，也是这么做的，还用实际行动来教育家里的人。

王吉在长安居住的时候，邻居家有颗枣树的树枝伸到他家的院子里。妻子一看，枣子好像在向咱的嘴巴召唤——快来吃我吧，我很甜的哩！不摘白不摘。于是，妻子就随手摘了几颗大枣子，尝尝味道。

得知情况的王吉勃然大怒：这是赤裸裸的偷窃行为！长到我家来的树也是别人的财产，怎么能随便拿呢？你还怎么给孩子们做表率？还怎么配做一个称职的母亲？他立即将妻子赶出家门。邻居听说后，惊诧不已：这才多大点事？不就几颗枣子吗！于是，邻居赶紧跑来劝解：王大人，您别生气，大不了我们把枣树砍了，别为了几颗不值钱的枣子而伤了你们夫妻感情嘛！

不是枣子不枣子的问题，而是榜样的力量很重要，孩子们看了，会怎么想？又会怎么做？最终，王吉看到邻居执意要砍掉枣树，才将老婆找回来。这件事在当时引起了极大的轰动效应，被大家编成了一个顺口溜："东家有树，王阳妇去。东家枣完，去妇复还。"

王吉谨慎克制的性格让他在官场上如鱼得水，稳坐钓鱼台。子孙们也在他的影响下牢牢记住了六字真言，代代相传，成就了王氏家族的辉煌。

但是，职场的友情也并非像王吉和贡禹这样惺惺相惜，牢不可破。有的时候，友谊的小船说翻就翻。

07 友谊的小船说翻就翻

刘邦死后，他的老婆吕后执掌大权，全面培植吕家的势力，封自己的侄儿吕广、吕禄为王。跟着花心的刘邦，她早就受够了：保护自己最好的方式就是成为决定他人生死的人，干脆把刘家的天下和平演变为吕家的。

眼看一场政变就要发生，大臣们个个捏着一把汗。

刘邦的家人跟那些开国功臣们不干了：好不容易打下的江山就这样被一个女人夺去，怎能甘心？她上去了，咱们还有活路吗？咱们的子孙后代还有荣华富贵吗？

两大阵营斗争进入了白热化，吕氏集团暂时领先。

在秦末农民起义战争中，郦商是后来才归顺刘邦的，跟刘邦阵营的那些打天下的兄弟算不上好朋友，却跟吕家的人走得比较近。郦商的儿子叫郦寄，与吕后的侄子吕禄是一对好兄弟。头脑比较简单的吕禄十分信任大哥郦寄，无论什么事，都要听取大哥的意见。大哥说什么，他就跟着做什么。

可是，好兄弟是拿来出卖的！

吕氏集团的"一把手"吕后去世以后，原本还算平静的两大阵营，斗争一触即发，谁取得胜利，谁就能主宰天下。吕家人掌握首都兵权，想先发制人杀掉那些开国功臣，却始终犹豫不决。

当时，刘氏集团在中央有能征善战的周勃、灌婴等功臣，在地方有拥兵自重的刘姓诸侯王。一步走错，万劫不复。刘氏集团的人也想扫除吕家的势力，可是，周勃名义上是太尉，却无权调动一兵一卒，甚至连军营都进不去。手中没有兵权，巧妇也难为无米之炊。

怎么办呢？总不能等死吧？

刘邦集团的重要谋士陈平想到了郦寄：他的好哥们吕禄不是掌握军权吗？为何不好好利用这层关系，寻找突破口，让郦寄骗吕禄交出兵权？可郦寄怎么会答应呢？陈平眼珠一转：有了，小的不行，抓老的。他派人绑架了年老在家的郦商，走路都已经颤颤巍巍的郦商就这样莫名其妙成了牺牲品——我一把年纪，招谁惹谁了？

陈平与周勃对郦寄威逼利诱：怎么样？是跟我们一起继续享受荣华富贵，还是跟着叛贼跌入万劫不复的深渊？大道理、小道理讲了一堆，郦寄被逼得实在没办法：算了，朋友终归是朋友，没有了，还可以再交。老爸没了，问题也不大。可要是站错了队伍，全家就死翘翘了！

在父亲与好兄弟之间，郦寄选择了父亲，其实还是选择了自己。他也明白吕家人根本不是这些功臣们的对手。

郦寄理了理头绪，前去忽悠好兄弟吕禄："高祖与吕后一起打天下，刘氏立了九个王，吕氏立了三个王。他们家人多，你们家人少。你还不知道吧？那群如狼似虎的刘姓子弟早就对独霸军权的你，心怀怨恨了。万一哪天派个刺客前来，你一觉醒来，头都不知道飞哪儿去了。我建议你，不如到自己的封国去，该吃吃，该喝喝，搂着美人，夜夜笙歌，何苦在京城里提心吊胆？人生在世，不就是为了享乐吗？如果你主动把兵权交给周勃，吕氏与刘氏的矛盾就会很快消散，大家和和气气在一起，开开心心做朋友，不好吗？以后你的子子孙孙也有享不尽的荣华富贵。何必跟那些杀人如麻的粗鲁家伙对着干呢？你搞不过他们的。"

本无多大的野心吕禄心想：还是郦寄关心我，了解我，好兄弟，听你的！于是，他跟吕家人商量：我还是把北军的军权交出去得了。大家都不同意：你傻啊，交出去，我们还有活路吗？

周勃、陈平等得不耐烦了，战斗就要速战速决。无奈的郦寄只能再次前往忽悠吕禄："我得到一个可靠消息，当今皇帝想让周勃接管北军，让你回封国去。你最好积极主动一点，事先把帅印交给周勃。这样肯定能让皇帝放心，大家开心，不然你可要大祸临头了呀！"

真的吗？我读书少，你可别骗我啊！

你是我最好的兄弟，我怎么能干那龌龊之事？骗谁也不能骗你啊！

吕禄是个没多少城府、心思简单的平庸之人，单纯得有点愚蠢：对啊，郦兄怎么会欺骗我呢？他可是我拜把子的兄弟啊！于是，吕禄将帅印交给了周勃。

周勃是什么人？在血雨腥风的战场中摸爬打滚出来的大将，岂会犹豫不决？岂会心慈手软？他拿着帅印，直奔军营，看到将士们，大声喊道："周勃在此，拥护吕氏的右袒（露出右臂），拥护刘氏的左袒（露出右臂）。"军营中的很多人都是跟随刘邦打天下的原班人马，加上周勃的个人影响力，纷纷左袒（后来偏护一方就叫左袒，也叫偏袒）。眨眼之间，周勃戏剧性地掌控了北军。

有了枪杆子，就好办事。

南军的统帅是吕产，他在毫无防备、毫不知情的情况下进入宫殿，被埋伏在旁边的人一拥而上，砍了个稀巴烂。很快，吕氏族人陆陆续续成了刀下亡魂。周勃派人分头逮捕了所有吕氏男女，不论老小，一律斩杀。

傻头傻脑的吕禄准备去封国享受快乐人生的时候，被周勃的手下乱棒打死。阎王爷会教育他：孩子，兄弟是拿来出卖的！

"郦寄卖友"的故事瞬间传遍天下，老百姓们对郦寄的做法嗤之以鼻，认为他见利忘义。（这一成语出自《汉书·樊郦滕灌傅靳周传》："夫卖友者，谓见利而忘义也。"意为见到有利可图，就不顾道义。）

虽然东汉班固给郦寄正名，认为他是为救父亲而出卖了朋友，既安定了国家又顾全了君臣、父子的伦理大义，没有什么不可以的。但什么又是安定国家呢？难道吕氏统治天下就一定不好吗？刘氏杀光吕氏族人难道就很厚道吗？作为最好的朋友，吕禄那么信任你，你却出卖他，实在令人不齿。

历史有时真的挺讽刺，那些品质不怎么样的人反而活得潇潇洒洒。父亲郦商死后，郦寄继承了曲周侯的爵位，继续享受荣华富贵。七国之乱时，郦寄被汉景帝任命为将军，率军攻打赵国。

会忽悠的人未必能拿真刀真枪，围攻赵国十个月，依旧没能攻下。但是，七国之乱最后被平定了，参与者都有赏。

上天也并不总是眷顾郦寄，一场黄昏恋把飘飘然的他送进了漫漫黑夜。

汉景帝的丈母娘就是大名鼎鼎的臧儿，曾经嫁过两次，第一次嫁给姓王的人，生下一个儿子两个女儿——王信、王姞、王皃姁；丈夫死了以后又嫁给了姓田的人，生下两个儿子——田蚡、田胜。女儿王姞被汉景帝宠幸之后，生下刘彻，顺利地成为皇后。

郦寄明白，王家势必崛起。他嗅出了其中的商机，见利忘义让他尝到了甜头，这一次，他准备来个"见色图利"。人老心不老，

哎，友谊的小船，该翻的时候肯定翻，老兄，再也不要太傻太天真了啊。

最美夕阳红。凭借三寸不烂之舌，他成功赢得了臧儿的欢心（此时她的第二任丈夫也已经去世）。

干柴遇烈火，两个人搞起了黄昏恋。风萧萧兮易水寒，不娶臧儿兮不复还！郦寄害怕夜长梦多：臧儿也不是个省油的灯，指不定哪天被她甩掉，自己的努力不就白费了吗？于是，他竟然壮起胆子正式向汉景帝提亲："欲取平原君（臧儿的封号）为夫人！"我想娶你丈母娘做老婆，还请皇上成全。

此话一出，惊天地泣鬼神。汉景帝怒发冲冠：好你个郦寄，居然连我丈母娘的主意都敢打？想爬到我的头上，让我喊你爹？那我的帝王尊严何在？恼怒的景帝立刻将郦寄交给相关部门审讯，皇帝要谁完蛋，没有理由也能找出理由。况且郦寄向来口碑就不好，很快就被按了"欺君""大不敬"等数个罪名，爵位被剥夺，封地被废除。郦寄的后半生只能在郁郁寡欢中度过。

从见利忘义中得到好处，又从见利忘本中失去富贵，也许这就是古人讲的因果报应吧！

所以，人在职场，最终还是要靠自己，绝对的实力才能有绝对的前途。手中有"三宝"，升值快通道。

08 手中有"三宝"，升值快通道

西汉征和二年（公元前 91 年），太子刘据被人陷害，一时冲动而走上造反之路，引得汉武大帝暴跳如雷，大开杀戒。太子被迫自杀，他的妻子儿女也被杀害，几万人牵连其中，一时间，长安城血流成河。这就是汉武帝晚年有名的巫蛊之祸。

当时，刘据的孙子刘病已刚刚出生几个月，也成了阶下囚，被关押在牢中。看着这个可怜的小不点，负责审理案件的廷尉右监（中央最高司法长官廷尉的副手）丙吉泪如雨下：无情最是帝王家，即便太子造反属实，也不能牵连这么点大的婴儿啊？他又能知道什么？

哎，管他造反不造反的，活下去才有希望。丙吉冒着被杀头的危险，给小刘病已安排了宽敞干燥的房间，并在监狱的女囚犯中找到了仁爱厚道的胡组、郭征卿等几个人负责轮流照顾刘病已，给他喂奶。又让心腹手下伍尊随时待命，一旁伺候。但是，牢房的条件肯定比不上皇宫，刘病已几次身患重病，高烧不止。丙吉自己花钱找来医生，好不容易才救下小孩的一条命。

丙吉早年因为刻苦学习，成了法律专家，在诸侯国里担任御史（负责判案断案的官员），凭借过硬的业务能力和出色的工作政绩升任朝廷的廷尉右监。后来，他因为受到别人牵连而降职，被贬到了地方。巫蛊之祸爆发，冲动的汉武帝杀了一批人之后，总感觉事情蹊跷：一向老实厚道的太子怎么会突然造反呢？我都把王位交给他了，他又急什么呢？查，彻查！

找谁查呢？此人业务能力要强，思想品德要好，处事公正，为人正派。对，丙吉不错，让他回来。就这样，丙吉又回到了中央，负责处理巫蛊案。经过深入查证，他发现太子造反的证据不足，不能马虎结案。但是，皇帝正在气头上，又不能跟直接上报，那就一个字——拖！

一拖就是几年。当年陷害太子刘据的人坐不住了：如果不赶尽杀绝，留下活口，一旦武帝驾崩，咱们还有好日子过吗？于是，他们在汉武帝病重期间，散布谣言：经过多位高人的日夜观察，"严谨论证"，最终发现，长安狱中有天子之气，有他在，皇帝的病怎能好？有他在，陛下的位置怎能稳？

晚年被病痛与心魔反复折磨的汉武帝已经失去了之前的贤明稳重，变得暴躁不安，疑神疑鬼。随即派出使者对长安城监狱里在押犯人登记造册，整理名单，不分罪行轻重，一律斩杀。

邸狱（临时监狱）门口，武帝的使臣郭穰杀气腾腾，他带来了皇帝的最新指示：监狱里的在押犯人，无论老少，一个不留。廷尉右监丙吉目光如电，一身正气，挡在门口。

"我有陛下的命令，你敢抗旨？"郭穰叫道。

"即使是普通百姓，你们也不能乱杀，何况皇上的亲曾孙在此？"丙吉口中的皇曾孙正是刘病已。双方谁也不让谁。丙吉寸步不离，守在牢门外——谁想滥杀无辜，除非从我的尸体上踏过去。面对这样的硬汉，郭穰也没办法，只能回去禀告汉武帝：丙吉目无陛下，图谋不轨。

汉武帝一声叹息，逐渐冷静：连丙吉这样正直忠诚的人都没查出什么问题，会不会太子真的是被人陷害的呢？我是不是杀人太多而受到报应，接连失去了儿子、亲人呢？虚弱无力的他摆摆手，说道："也许这就是天意，由他去吧！"很快，汉武帝大赦天下，郡邸狱的犯人们和刘病已逃过了一劫。

为了更好地照顾小婴儿，丙吉找到了刘病已祖母的家族。当年，刘据的小妾史良娣生下了儿子刘进，巫蛊案爆发之后，史良娣跟刘进受到牵连而死，只留下了孙子刘病已。如今，史良娣的哥哥史恭依然健在，如果刘病已交给他抚养，定能安全健康地长大。史恭的母亲贞君虽然年纪很大，看到孤苦伶仃的小不点——刘病已，心里非常难过：哎，造孽啊！我拼了这把老骨头，也得把他抚养长大，以慰良娣的在天之灵。

汉武帝在孤独而又悲伤中去世了，他的小儿子刘弗陵（汉昭帝）即位。丙吉担任车骑将军市令，接着升任大将军长史，受到了大将军霍光的器重。后来又调任光禄大夫、给事中。昭帝驾崩之后，因为没有留下继承人，大将军霍光迎昌邑王刘贺即位。可是，刘贺乃智商、情商、逆商统统不在线，吃喝玩乐的"大神"，治国的菜鸟。于是，霍光与大臣们商量，联手废掉了刘贺。

可是，找谁来做皇帝呢？

丙吉站出来，慷慨陈词，极力推荐刘病已：如今，那个可怜的孩子已经长大成人，精通经术，学识渊博，能力出众，谦恭低调，要不找他来试试？

多年前，如果没有那一场血雨腥风，刘据就会顺利继承皇位，他的子孙为何不能做皇帝呢？霍光赶紧派丙吉迎回刘病已，继承皇位，汉宣帝时代正式到来。

拥立皇帝继位，乃是大功一件。所以，历朝历代，大臣们常常围绕拥立谁做皇帝吵闹不已，甚至拔刀相向，就为了将来能够一步登天，享受荣华富贵。但是，丙吉从不向任何人提及自己救过皇帝的事情。当年，他冒着全家被杀的风险，救下刘病已，只是出于同情与博爱，并非为了政治投机。而如今，他也不想靠着皇帝的报恩来升官发财。直到一个小插曲的出现，汉宣帝才得知当年的救命恩人就是丙吉。

有个前朝的宫女让丈夫上书，自称以前照顾过牢中年幼的皇帝。汉宣帝赶紧派人前去调查，宫女说道："你们不信，可以问问丙吉大人，是他让我照顾的。"调查的人将宫女带到丙吉那里，丙吉看了看，说道："我曾经是让你照顾过陛下，但你忘记了吗？你当时并不尽心，所以挨了我的板子，现在你还好意思邀功？胡组、郭征卿才是真正有功劳的人，你有什么资格前来讨赏？"事情的经过传到皇帝耳朵里。刘病已这才知道，原来大恩人就在身边：哎，我好糊涂啊！

如此厚道正直的人，我不重用，还能重用谁？汉宣帝立即下令，封丙吉为博阳侯。丙吉上书坚决推辞：我并没什么功劳和政绩，怎敢接受这样的赏赐？皇帝说道："朕封您，不是因为您救过朕，而是因为您的能力与品质。您如果继续推辞，是显得朕不厚道呢，还是不会识人呢？我看您啊，不要想那么多，保重身体，以后还得好好为国操劳呢！"

哎哟，这怎么说的？要是不接受命令，还成了陷皇帝于不义的罪人了？丙吉不敢再推辞，只能接受了诏令。

没过多久，他又升任丞相。从小吏一直干到丞相，可不仅仅是因为他曾经救过皇帝的命，人家的确是有两把刷子的。地位提高，丙吉不忘初心；角色转换，他能快速适应。丞相就要做好丞相的事情，而不再是琐碎的小事。

一次，他外出巡视，碰到有人在打群架，死伤一片。丙吉却不闻不问，直接往前走。他又碰到有人赶着牛车，只见牛气喘吁吁，不断地往外吐舌头。他马上命令停车，对着赶牛的人问道："你赶牛走了几里路了啊？"随从官员们很不理解：丞相大人不问前面的群体性事件，却跑来跟一个老农民闲聊，这是什么操作呢？是不是闲得慌？

丙吉解释道："百姓斗殴，自有当地官员来处理，我作为丞相，只负责考察各地官员的是非功过，上奏皇帝。哪个该赏，哪个该罚，心中要有一本账。我怎么可能插手他们职责范围内的工作？但是，现在正值春天，天气还算凉爽，牛却气喘吁吁，大汗淋漓，舌头都吐出来了。我问牛的事情，是想借此判断今年的气候是否正常。如果反常，就会影响整年的耕作。农业乃是天下之本，作为丞相，我肯定要未雨绸缪。"

抓大放小，才是丞相的工作，否则，官员就会嗑瓜子，百姓就会饿肚子，国家则会出娄子。随从们听后，纷纷竖起大拇指。

优秀的宰相除了有过人的眼光，还得有撑船的度量，丙吉也做到了。

他的"专职司机"（驾车人）平时特别喜欢喝酒，常常"酒驾"。有一次，喝多了的驾车人直接在车上呕吐，那气味，两个字——恶心。这还得了？驾车人的主管官员上报丙吉，要开除"司机"。丙吉却说："作为丞相的驾车人，因为醉酒过失而将他驱逐，以后他到哪里找工作呢？谁还敢要他呢？要不你忍他这一次吧？反正他也就弄脏了车上的坐垫，你们换一个垫子就是了。"属下一脸不可思议，这都能忍？

"司机"听了，感动得眼泪直飙：一切尽在这杯酒，哦不，这杯水中，从今天开始，面朝大海，认真把车开！再也不会喝酒误事。一次，"司机"外出办事，看到一匹挂着赤白囊（古代递送紧急情报的文书袋）的快马飞奔而过。出生在边境的他熟知情况，顿时明白过来，边关肯定有紧急情况。他跟随快马来到休息场地，上前跟报信人套近乎，才得知匈奴入侵云中郡、代郡。他赶紧回去将情况报告给丙吉，说道："外敌入侵，肯定是因为边关郡守有问题，您可以事先了解一下。"

丙吉觉得"司机"说得对，赶紧调阅两郡官员的资料，还没看完，宣帝就下令召见丞相、御史等人，询问边关的情况。事先准备的丙吉对答如流，而一旁的御史则吞吞吐吐，两者对比，立判高下。皇帝批评了御史，表扬了丞相——咱没看错人。

回家后的丙吉感叹道："每个人都有自己的长处，如果我不是因为事先听到驾车人的话，又怎能得到皇帝的赞扬呢？"

丙吉善于激发别人的长处，避开别人的短处。等他病重快死的时候，汉宣帝亲自前来探望，问道："您如有不测，您觉得谁能代替您呢？"——只要你推荐的人才，准没错。丙吉不敢擅作主张，推辞道："谁能担当大任，我这愚笨的人怎能知道呢？您是皇帝，比我更清楚啊！"嘿，你还是这么谦虚，如果你不举荐，我就一直问。汉宣帝不依不饶。扛不住皇帝的反复询问，丙吉说道："西河太守杜延年精通法度，能力突出；廷尉于定国执法公正，严于律己；太仆陈万年品质出众，孝顺忠诚。这三个人的才能都在我之上，希望陛下仔细考察。"

汉宣帝深感佩服，丞相果然是丞相，百官的特长掌握得一清二楚。后来，丙吉临终前推荐的三个人，的确如他所说，表现突出，鞠躬尽瘁。

丙吉靠着正直低调的品行、宽容大度的胸怀、知人善任的能力这三大"法宝"得到了皇帝的重用、百官的敬佩和百姓的点赞。受他教育和影响的丙家子孙后代们也都低调做人，认真做事，得到了历代皇帝的重用。

第五章

（爱情卷）

/

爱情也是一颗"卷心菜"

/

皇宫里的爱情一开始犹如酱香型的烈酒，喝多了就会站不稳，你还得防着咖啡、绿茶和碳酸饮料跟你一起抢市场，新鲜感一过，迎来的便是宫心计。很多后宫的女人在激烈的竞争中，从众星捧月的"奢侈品"变成了无人问津的"劣质品"。

有的爱情在久经考验中，始终保持着柠檬般的青涩；有的爱情在风吹雨打中，勉强挂着最后一片绿叶。有的男人为了追求女人，使出浑身解数推广自己，抢占先入为主的优势；有的人为了得到女人，一出手就是大手笔，用"土豪"的办法显示满满的诚意。

01 小小年纪，就想着谈恋爱

汉景帝册立了栗姬所生的长子刘荣为太子，第十个儿子刘彻被封为胶东王。原本没有任何竞争实力的刘彻，却因为两个野心勃勃的女人而改变了命运。

他的外婆臧儿是名门之后，当年西楚霸王项羽分封十八路诸侯王，封过一个燕王臧荼，臧儿正是他的亲孙女。后来臧家逐渐衰落，臧儿只能嫁给平民老百姓王仲为妻，生下一个儿子两个女儿——王信、王娡、王皃姁；丈夫死了以后，她又嫁给了姓田的人，生下两个儿子——田蚡、田胜。

不甘心处于社会底层的臧儿把希望寄托在下一代身上，但是，哪个子女有培养前途呢？她请了个相士为自己和子女们相面算命。相士告诉臧儿：你女儿王娡是大贵之人，将来会生下天子。这个故事十有八九是臧儿骗人的把戏，为了达到目的，找了个神秘而又顺理成章的理由罢了。我们读史书的时候，经常会看到某某人出生的时候，要么天气有异样，要么中了算命先生的预言，其实都是骗人把戏。此时，她的女儿王娡已经嫁给了一个叫金王孙的人，生下了一个女儿。臧儿听完算命先生的瞎话之后先是震惊，然后狂喜：看来我们家要发达啊！我要先把节奏带动起来。

她立刻强制女儿离婚。虽然金王孙死活不同意，但是臧儿怎会放弃改变命运的大好机会？我女儿如此绝美的脸蛋，怎能卖出如此平常的价格？我不甘心！

这个女人不简单，有了想法就立即行动，硬是把女儿拉回了家，按照宫廷选妃标准，聘请名师进行一对一辅导，时刻等待机会。她打听到太子刘启府中正在招收侍女，眼睛一亮：大买卖来了！臧儿想尽办法将女儿王娡送进了太子刘启（日后的汉景帝）的宫中：只要进了太子宫，凭着女儿绝世的容颜和提前训练的勾引技巧，定会让刘启的心儿怦怦跳。

西汉的时候，女人的贞操观念没有那么强。刘启估计是看多了年轻女孩子的稚嫩，被女人味十足的王娡点燃了内心的熊熊烈火。两人很快便有了龙种，取名刘彻。

幸运之神再一次降临到王娡的头上。

汉景帝的姐姐馆陶公主刘嫖希望把女儿嫁给当时的太子刘荣，将来好让女儿当皇后，保他们一家永久富贵。可是，刘荣的生母栗姬极为讨厌经常进献美女给汉景帝的馆陶公主：之前抢我老公，现在又要抢我儿子，不干，我不干！

刘嫖愤怒了：竟然敢拒绝我？这个时候，王娡抓住了千载难逢的机会，抛来橄榄枝：公主大人，您看我家彻彻如何？

刘嫖抱着还不会说话的女儿陈阿娇，调侃四岁的刘彻："想不想娶阿娇啊？"

估计是老妈王娡事前精心彩排过，小刘彻用稚嫩的童声斩钉截铁地回答："想！如果能娶到阿娇做老婆，我就修建一座金子做的房屋给她住。"（这便是成语金屋藏娇的故事，出自东汉·班固《汉武故事》，后以"金屋藏娇"称娶妻或纳妾。）

哈哈，哈哈，好，很好！刘嫖大笑，立刻定下了娃娃亲。从此，她借助皇帝姐姐的优势，充分发挥大嘴巴的特长，时不时说栗姬的坏话，说女婿刘彻的好话：这孩子天生神勇，简直跟皇帝您一个模子刻出来的……

汉景帝越看栗姬越不顺眼。正好栗姬又送来作死的"神助攻"，接连犯错，得罪了景帝，最终被废。王娡成功晋升为皇后，七岁的刘彻被立为太子，陈氏也成了太子妃。汉武帝继位之后，阿娇就被封为皇后。

但是，普通人的爱情保鲜期都没那么长，何况是后宫佳丽三千的帝王？每天摸着陈阿娇的手，那感觉就是自己的左手摸右手。而阿娇又患上了不孕不育症，在后宫，没有孩子的女人相当于没有养老保险，等到年老之时，就会被无情地抛弃。

而这时，年轻冲动的汉武帝移情别恋了，他看上了姐姐平阳公主家的歌女卫子夫，便娶回后宫。

打击接踵而来，卫子夫怀孕了。阿娇的母亲刘嫖心疼女儿，一时头脑发热，竟然策划了一起轰轰烈烈的绑架案。她命人抓捕了卫子夫的弟弟——卫青（当时他还并不知名，只是汉武帝的小跟班）。当时同为武帝跟班的公孙敖听说好友卫青被绑架，立即前往救援，成功解救了卫青。从此以后，公孙敖也受到了汉武帝的重视。

刘嫖的绑架弄巧成拙，刘彻更加厌恶阿娇了。

小伎俩终究顶不过大肚子，人家卫子夫又生下了三个公主。

陈皇后的肚子却一直空空如也：不行，这样下去绝对不行，我要诅咒那个女人。

失控的阿娇竟然在宫中施行媚道。这是一种巫术，通过背后吐唾沫，口头念咒，使用媚药诱惑，向邪神祭祀来施展邪术，以求让男人重新爱上自己。在男人的花心面前，这种幼稚的邪术肯定没有用，但能给人产生不良的心理暗示。所以，汉朝是严加禁止各种媚道巫术的。

事情很快被人告发，汉武帝勃然大怒。当时还在御史大夫底下担任侍御史的张汤觉得升职加薪的机会来了：皇帝说彻查，那我就查它个底朝天，小事件也给它弄成大案子。他追查出巫师楚服等人替陈皇后施行邪术，祸害他人。

怒火冲天的汉武帝大开杀戒，一连斩杀三百多相关人员，并下达命令：皇后不守礼法，擅用巫术，还是让出后宫之主的位置，去长门宫长期休假去吧！

陈阿娇就这样被废了。但是，汉武帝并没有亏待她，吃喝用度依然保持高标准，只不过，两人再也没了夫妻之情。

历史上有个传说，相传阿娇被贬到长门宫之后，整日泪流满面，思念老公：怎么才能重新唤起老公的注意呢？听说汉武帝很喜欢司马相如的文章，陈阿娇赶紧命人带上成堆的黄金去找司马相如：钱不是问题，您尽管开口，只求您帮忙写一篇缠绵悱恻的赋，挽回我老公的心。司马相如大笔一挥，写出了哀怨缠绵的《长门赋》。

据说，武帝看到文章之后，非常感动，又跟青梅竹马的阿娇恩爱如初。这当然只是"爽文"的套路，而事实是，汉武帝的女人一个接一个，早就将阿娇忘在了九霄云外。

陈阿娇最后在长门宫里孤独而又伤心地老死了。帝王可以随时更换女人，但是，普通的人想要得到梦寐以求的另一半，还得懂得营销和策划。

02 想要讨个好老婆，必须懂得策划和营销

西汉蜀郡临邛县（四川成都邛崃），一个落魄的年轻人住在城里的一座亭子里，大家以为又从哪里跑来一个流浪汉，都有没在意。可是，众人渐渐发现了一个奇怪的现象，临邛县令王吉每天前去拜访亭子里的年轻人，毕恭毕敬，态度谦卑。

一开始，年轻人还接受县令的拜访，过了一段时间，竟然直接拒绝：县令大人，请你别来烦我了。事情很快传遍了临邛县，众人议论纷纷：这年轻人什么来头？

县令王吉和年轻人笑了，一切尽在掌控中。宣传造势，初见成效。第二步，找到目标，精准打击。

他们选择了临邛县的土豪商人——卓王孙。卓家田地无数，财宝成堆，最为关键的是，他家正好有个女儿，精通音律，善于弹琴，姿色绝美，文才出众。之前她在父亲的安排下嫁给了门当户对的男人，可是，不久她的丈夫去世，她只能回到娘家居住。这个十七岁的少妇正处于感情的空窗期，凡夫俗子她又看不上——可是，小小县城，哪来的大才子？

县令便锁定了这个美丽的少妇：如果拿下她，他的好朋友再也不用流浪了，一切都有了。

在那之前，还得来一场惊天地泣鬼神的策划。

临邛县里的富商很多，都想着跟县令套近乎。得知那个流浪街头的年轻人很受县令的重视，富商们纷纷商量：要不咱们备上酒席，请他来叙叙？地点选在了"首富"卓王孙的家里。到了中午，客人们来了，县令也来了，那个神秘的年轻人却没来。卓王孙派人去请，年轻人直接甩脸子：我身体不舒服，不去！县令王吉突然站起来："我去请吧！"众人惊掉了下巴：这是什么操作？

县令亲自出马，年轻人总算"半推半就"地来了。看得出来，他是精心打扮过的，穿着考究，眼神坚定，时时散发着大才子的"荷尔蒙"。男人们羡慕嫉妒，女人们低声尖叫。出场效果达到了，接下来，是时候展现真正的技术了。

趁着大家喝酒尽兴之时，王吉命人拿来一把好琴，对着年轻人说道："听说你喜欢弹琴，要不露一手，给大家助助兴？"

额？不好吧？年轻人故意推辞。大伙不干了，他们早就想看看这年轻人到底有何本事了，这么好的机会，岂能放过？叫好声、拍手声此起彼伏。

造势成功，看我的！

年轻人淡定地坐到古琴旁，拨动琴弦，美妙的音乐搭配帅气的动作和精彩的歌词："凤兮凤兮归故乡，遨游四海求其凰。时未遇兮无所将，何悟今兮升斯堂！有艳淑女在闺房，室迩人遐毒我肠。何缘交颈为鸳鸯，胡颉颃兮共翱翔！凰兮凰兮从我栖，得托孳尾永为妃。交情通意心和谐，中夜相从知者谁？双翼俱起翻高飞，无感我思使余悲。"

一首《凤求凰》艺惊四座。全县的人知道了年轻人的名字叫司马相如。卓王孙的女儿卓文君已经被这个才华横溢的相如迷得不要不要的，正从门缝里偷偷地看着大才子。她眼睛冒光，脸上泛红：他怎么这么帅？想不到，在这小小的县城，还能碰到如此出色的男人！

而此刻司马相如余光扫到了卓文君，嘴角露出一丝窃笑：果然是个大美人！我的苦心没白费。但是耍酷无法精确地表达我的爱意啊！于是，司马相如倾其所有，派人用重金买通了卓文君身边的丫鬟，请她代为转达爱慕之心。

收到情书的卓文君特别激动：他竟然喜欢我？可是，很快，她的心情又跌入了谷底：父亲讲究门当户对，能同意我嫁给一个没有稳定工作又出身普通的男人吗？绝对不可能。看着热情如火的书信，听着丫鬟噼里啪啦的赞美，想起司马相如弹琴的侧脸，犹豫再三的卓文君还是沦陷了：私奔，我要跟他私奔！

两个人一路狂奔，来到了司马相如的老家——成都。卓文君顿时傻眼了：我的个妈哎，这哪里像个家啊？人家穷得一贫如洗，你家穷得一贫如"舔"啊，比狗舔的还干净。

司马相如家里穷得只剩下四面墙了，这该怎么活下去啊？哎，既来之，则安之。富家大小姐秒变农家大妈，每天想的是柴米油盐酱醋茶。没钱了，就典当几件衣服和首饰，直到司马相如典当完最后一件大衣换来一壶美酒的时候，卓文君再也忍不住了，心里的憋屈化作了流淌的泪水：我何曾受过如此之苦？难道这就是爱情的样子吗？

卓文君说道："老公，我们不如回到临邛，就算父亲不肯原谅我，我的哥哥姐姐们也绝对不会坐视不理的，问他们借钱，也比现在好得多啊！"

司马相如点点头：老婆说得是，在绝对的贫穷面前，面子算什么？

两人又回到了临邛。当年女儿跟人私奔的时候，卓王孙气得半死，直接撂下狠话："对这种不争气的女儿，我绝对不给一分钱。"如今，他依然在气头上。

司马相如和卓文君联手策划了一个博取同情的绝佳方案。他们卖掉所有的财产和车马，在街上盘下一家酒店，做起了卖酒生意。卓文君在前面招揽生意，司马相如在后面刷碗扫地，甚至故意到人多的地方清洗店里的酒器。广告做得好，不如百姓嘴巴好，整个临邛城都传开了：首富的女儿和女婿竟然做上不得台面的小生意。老卓也太小气了吧？

听到消息的卓王孙连连叹气：丢人，你们把老子的脸都丢光了。他只能闭门不出。家族里的人纷纷前来劝说："老卓，你就一个儿子两个女儿，要那么多钱干什么？如今，文君已经成了司马长卿的妻子，长卿虽然现在贫穷，可他的确很有才，又是县令大人的好朋友，将来的前途不可限量。你又何必让他们受这样的委屈呢？"

卓王孙动摇了：女儿的婚姻已是既成事实，我还能怎么样呢？不管她，于心何忍？他们当街卖酒，还不是我被人戳脊梁骨？罢了，给他们钱！卓王孙出手阔绰，分给卓文君家奴一百人，钱一百万，还有各种陪嫁衣服和首饰。

啃老行动一举成功。卓文君和司马相如拜谢了土豪父亲，拿着钱财回到成都，买田地，购房产，转眼之眼，成为大富豪，有酒有琴有诗歌，生活惬意笑呵呵。好运来了，挡都挡不住。

之前，司马相如在诸侯梁王手下工作的时候，写过一篇《子虚赋》。汉武帝偶尔间读到了这篇赋，激动不已，以为是古人写的，感叹道："咋会有如此文采飞扬的文章？如果我能跟这样的人同时代多好啊！"

一旁的狗监（主管皇帝猎犬的官员）杨得意是蜀地人，早就知道司马相如的大名，说道："这不是古人写的，是我老乡写的呢！"

哦？赶紧召来！

司马相如来到了京城。

这是你写的？汉武帝刘彻问道。

这算什么，《子虚赋》只是诸侯王打猎的小场面，请允许我为您写一篇天子打猎的赋。

很快，《上林赋》横空出世。铺陈的叙事，华丽的辞藻，绝妙的构思，比《子虚赋》更加高大上。汉武帝激动不已：你留下来，别走了。司马相如成了郎官（皇帝的侍从官），不久，又作为中郎将出使巴蜀地区。

如今，他已是皇帝身边的红人，冉冉升起的政治明星，蜀郡的太守、县令们毕恭毕敬地迎接司马相如，富豪地主们也都纷纷献出礼物，岳父卓王孙也在其中。以前，女婿以他为荣，现在，他以女婿为荣。越看这个女婿，卓王孙越喜欢：他咋就那么帅呢？

憋屈了很久的司马相如长舒一口气：终于轮到我上场了吧！

随着地位的提升，他与卓文君的爱情也迎来了考验。司马相如迷上茂陵（今陕西省咸阳市兴平市）的一个女子，想要娶回家做小妾。

卓文君顿时感到天崩地裂：我当年不顾一切跟你私奔，陪你卖酒，换来的就是这个结局？分手，我要跟你分手。据说她写了一封文采飞扬的分手信——《白头吟》："皑如山上雪，皎若云间月。闻君有两意，故来相决绝。今日斗酒会，明旦沟水头。躞蹀御沟上，沟水东西流。凄凄复凄凄，嫁娶不须啼。愿得一心人，白头不相离。竹竿何袅袅，鱼尾何簁簁，男儿重义气，何用钱刀为！"

爱情应当如白雪明月那么纯洁，现在你背叛了咱们当初的誓言，而我又有洁癖，所以，咱们分手吧！明天咱们就离婚。伤心啊，流泪啊，唉，到哪里能找到一心一意的人呢？怎么才能白头到老永不分离呢？大男人应该重情重义，何必一头扎进钱眼里去呢？当初我看中的是你的情义，难道你看中的只是我家的财产吗？你有本事，让她也陪你去卖酒啊！

卓文君不愧是女中豪杰，分手信都写得这么高端大气上档次。她没有顾影自怜，没有要死要活，言语之中，还有点小强势：当初我觉得你是个有情有义的汉子，才放弃一切荣华富贵跟你私奔卖酒，是我眼睛有问题吗？还是你的心有问题？

司马相如捏着这封信，心中不是滋味：唉，当初为了追求老婆，用尽手段，不仅仅是为了致富奔小康，也是为了找个知己伴终生。文君漂亮、美丽、善良，当年对我这个草根死心塌地。如今，我岂能让她伤心？罢了，罢了，老婆，我爱你一万年。

从此以后，司马相如成了"一心人"，直到病死。

03　在外是个狠角色，在内是个大暖男

　　他将自己管辖的地方治理得井井有条，闲来没事闷得慌，毫无挑战手痒痒。听说渤海胶东地区盗贼横行，他跃跃欲试。那里是汉景帝儿子刘寄的封国，到了刘音这一代，政务废弛，盗贼横行。他觉得现在的工作太没挑战性，主动上书：请把我调到胶东，我会让那里成为百姓的乐土，盗贼的坟墓。皇帝笑了：好家伙，铁肩担责任，真男人！那你就去担任胶东相，大干一场吧！

　　来到胶东，他只用了一招：谁愿意当赏金猎人，本官有奖！抓捕盗贼的差役、官员统统升职加薪，抓捕自己内部人的盗贼既往不咎，还有重赏。在巨大的利益面前，盗贼们互相残杀，官员们积极作为，一时间，胶东成了典型的"平安城市"。

　　杀伐果断，雷厉风行，胶东诸侯国的主管人——刘音及其母亲王太后傻眼了：来了个狠人啊！咱们也收敛一点吧，免得撞到枪口上。

　　就这样，这位地方官名扬天下。

　　长安城内，鱼龙混杂，偷盗事件层出不穷，每个"黑社会团伙"背后都有保护伞，不是高官，就是王侯。长安京兆尹（类似于首都的市长）成了一个人人头疼的职位，接连换了好多任，都无法让皇帝满意，让百姓满意。汉宣帝很无语：召来那个地方官，

爱卿，可有良策？

这有何难？包在我身上！地方官信心满满，长安城这么乱，主要是您没早点让我来做京兆尹啊！

有胆识，有担当！那你来！汉宣帝立刻下诏升任地方官为京兆尹。

到任之后，他并没有信誓旦旦地喊口号，而是深入民间，私下察访，向一些见多识广的老年人询问，终于打听出偷盗者的首领是哪些人。好家伙，藏得很深啊！几个人表面上看起来人畜无害，甚至还文质彬彬。普通人都以为他们忠厚长者，道德楷模。呵呵，这难道就是传说中的斯文败类吗？

对付他们，不用暴力，得用心计。这些人现在要钱有钱，要田有田，早就想着上岸洗白，缺的是正当的身份和地位。新任京兆尹暗地派人将几个头头叫到府中，然后摆出他们的犯罪证据：说说吧，该怎么办？只要你们配合我将偷盗贼们一网打尽，就可以将功抵罪。

几个头领吓得脸色发青——好厉害的长官，居然不按常理出牌，他们立马点头答应："我们一定配合。只不过您这样把我们找来，窃贼们肯定会起疑心。如果您说叫我们来，是给我们安排官职的，他们必然不会怀疑。"

呵呵，果然老奸巨猾，怕我到时候翻脸不认账，借机讨要官职，尽快上岸。京兆尹笑着答应了，这个没问题，我来安排。

头领们回去之后，摆酒设宴，邀请同伙：兄弟们，几位哥哥如今成功洗白，以后咱们的"偷盗公司"就可以成功"上市"了，还用东躲西藏吗？来吧，一起庆祝！咱们不醉不归。长安城内外的偷盗贼们纷纷前来庆贺，醉是真的，"不归"也是真的。新任京兆伊一声令下，将数百名盗贼全部拿下，斩草除根。从此以后，长安真的做到了长治久安。

有勇有谋，手段毒辣，是个狠角色。汉宣帝很满意。

但是，人红是非多，很快就有人对这个狠角色议论纷纷。议论的重点不在他的工作上，而在私生活上。

据说，他下班的时候，从不摆官架子，穿着便衣，摇着扇子，在街上随意溜达，这哪有官威嘛？老百姓看了，对咱们还有敬畏吗？更有甚者，他居然每天早晨起来干的第一件事，就是给他的老婆画眉毛。大男人，怎么能做出如此自轻自贱的事情？这样不知轻重的人怎能做高官？

京兆尹的妻子小时候因为眉角受伤而留下了疤痕，时不时有点小自卑。心疼老婆的他决定亲自帮忙画眉，让妻子在爱情的甜蜜中忘却疤痕带来的烦恼。就这样，画着画着，他成了画眉的顶级高手，老婆的眉毛越来越漂亮，夫妻的感情也越来越深厚。从此以后，成语里又多出一个"张敞画眉"（出自东汉·班固《汉书·张敞传》，用于比喻夫妻感情好）。

这个京兆尹就是张敞。

听到传言的汉宣帝很好奇，找来张敞问道："真有这样的事情吗？"

张敞很无语：我对老婆好一点也有错吗？跟我当官有半毛钱关系吗？难道我画个眉就干不好工作了吗？于是，他没好气地开

了个玩笑："夫妻之间的快乐，何止画眉毛。"

汉宣帝笑了，没有责怪张敞，也没有理会大臣们的弹劾：人家夫妻的确很恩爱，又不耽误工作，你们着什么急呢？不过，在讲究上下尊卑、官场威严的古代，相敬如宾的夫妻关系往往被人大力赞扬，像张敞这样如胶似漆的夫妻关系会被认为不正常。大家会觉得你没威严，没正经，没有远大的理想。所以，不管是上司还是汉宣帝，都认为张敞缺乏威仪，想让他担任三公九卿，总会缺那么点意思。

因此，张敞担任京兆尹八九年，始终也没有得到再提升。他算是为了爱情而失去提拔机会的名人了。可是，并非每个人都像他一样，要美人不要江山。有的男人一旦拥有了江山，女人就会泛滥。

04 她是我永远的初恋，谁也代替不了

西汉末年，天下大乱。丈夫在她新婚三个月便离家出走，杳无音信。这几年，她每天辗转反侧，常做噩梦。想当年，出身豪门的她与出身贵族的丈夫可谓门当户对。老公乃是典型的"高富帅"，她则是标准的"白富美"，郎才女貌，羡煞旁人。他们都是彼此的初恋，一见钟情，异常恩爱。

如果不是这该死的战争，他们会过上神仙眷侣般的生活。有时想着这些，她又会突然扑哧一声笑：如果我们在一起，他会不会抱着我，喂我吃水果？会不会搂着我，说些悄悄话？如今的她，也只能靠着美好的憧憬活下去。但大多数时候，她的内心充满了担忧与害怕：丈夫会不会已经死在了战场上？会不会移情别恋了？

突然有一天，久无音信的丈夫派了三百个贴身勇士前来接她过去。啊，老公还活着？而且活得很风光，太好了，太好了。她像疯了一样，赶紧跳上马车，飞奔老公的住处。

可是，一下车，她傻眼了。丈夫多出了一个老婆，还生下了一个儿子刘彊。她感到天旋地转，五雷轰顶。为什么？为什么？老公刘秀紧紧地搂着他朝思暮想的阴丽华，说起了事情的来龙去脉。

昆阳大战之后，王莽帝国轰然倒塌。身为汉高祖刘邦的九世

孙的刘縯、刘秀一战成名，却遭到了农民起义军拥立的更始帝——刘玄的嫉妒。更始元年（公元 23 年），刘秀的哥哥刘縯被刘玄和拥戴他的绿林起义军将领杀害，深沉冷静的刘秀并没有立即报仇，而是直接向刘玄谢罪。弄得本就跟他沾亲带故的刘玄不好意思了：我杀了你哥哥，你不怪我，反而检讨自己的过失，嘿，你这人品没说的！因此，刘玄只解除了刘秀的兵权，并未加害他。

将悲伤埋在心底深处的刘秀急需寻找安慰，他想到了当年的那句誓言："仕宦当作执金吾，娶妻当得阴丽华。"他早年在姐夫邓晨家里看到了沉鱼落雁、气质高雅的阴丽华，瞬间就动心了。两人一见钟情，私订终身。如今，该是实现诺言的时候了。

二十九岁的刘秀迎娶了十九岁的阴丽华。

如胶似漆三个月之后，刘玄发来新的任命，派刘秀北渡黄河，抚慰河北。但是，刘玄只给了一个虚职，既没给人，又没给钱。他的意思很明白：河北地区，叛乱不断，此番前去，活不活得的下来，全看你自己的造化。

刘秀看着更始帝可笑的任命，气不打一处来：这不是让我空手套白狼吗？王朗已经在河北称帝，根本不可能归顺更始政权。这样险恶的环境，我自己就算不死，也会脱层皮，怎么能带着新婚娇妻呢？万一她有个什么三长两短，我还怎么开展工作？刘秀将阴丽华送回南阳新野的阴氏家族，依依不舍地分别之后，踏上了充满荆棘的北上之路。

来到河北，刘秀展现了他的领袖魅力，接连收复了数个县城。但是，王朗人多势众，还有真定王刘扬的十万军队随时待命。想要抗衡王朗，只有尽快搞定刘扬。刘秀主动出击，前去谈判。刘扬一看，这小子不仅长得帅，还这么有能力：这样吧，如果你娶了我的外甥女郭圣通，咱们就是一家人了。我的就是你的，以后共同打天下，怎么样？

一向果断的刘秀犹豫了：你要我割下身上的肉，都行。要我抛弃心爱的阴丽华，可不行。部下们纷纷来劝：这么好的机会，为何不干？男人三妻四妾不很正常吗？牺牲你的色相就能换来十万大军，这买卖很划算啊！我们想牺牲，人家还不干呢！

刘秀摇摇头：我的爱情，你们不懂！

部下的苦口婆心让刘秀最终还是动摇了：如果没了命，将来还怎么见到心爱的丽华呢？

就这样，刘秀迎娶了郭圣通，与刘扬结成了政治同盟，消灭了王朗，逐步发展壮大，成为河北各地的灵魂人物与共同领袖。在众人的拥戴下，他称帝了，年号为建武，刘秀也成了光武大帝。

听完心爱人的叙述，阴丽华停止了流泪：如果没有郭圣通家族的帮忙，自己的老公也许早就死了，我们还怎么会有今天的重逢呢？活着就好，只要以后能够长相厮守，还在乎什么位置呢？

阴丽华越懂事，刘秀越心疼，越愧疚。为了补偿心爱的女人，他一上来就是大手笔，封阴丽华为贵人，和郭圣通的地位相同，又封她的哥哥阴识为阴乡侯，并有意空着皇后的位置，试探大臣们的意见。

但是，阴丽华陷入了沉思：丈夫刘秀虽然称帝，天下却并不太平，还有很多地方叛乱势力需要去收拾。如果自己上位，郭圣通家族会不会反叛？而郭圣通已经生下了皇长子，按照既有的制度，他将来就是太子。如果我成了皇后，那太子又该怎么办？

犹豫再三，阴丽华为了丈夫的未来，坚决不同意刘秀立自己为皇后。

刘秀紧紧地抱住了阴丽华：这样深明大义的妻子到哪里去找？为了政局的稳定和国家的未来，刘秀正式册封郭圣通为皇后，立长子刘彊为太子。

很快，阴丽华也怀孕了。

两人时不时地秀恩爱，极大地刺激了皇后郭圣通，她变得有些焦躁与疯狂。建武四年（公元 28 年），刘秀要出征讨伐叛将彭宠，也许是担心阴丽华会被郭圣通残害，也许是想日夜陪伴在妻子身边，刘秀竟然执意带上挺着大肚子的阴丽华。为了照顾心爱的女人，他将行军的速度压到了最低，生怕阴丽华因为颠簸而出现意外。大军一动，每天烧钱；速度一降，加倍烧钱。多一天的延迟，就多一天的粮草。在西汉末期到东汉初年，物价飞涨，通货膨胀，一斤黄金都买不了多少粮食。所以，刘秀对阴丽华这次特殊的爱，是用金山银山堆起来的。

最后，叛乱平定，阴丽华也顺利生下了儿子刘阳。此后，她又接连生下了刘苍、刘荆、刘衡、刘京等四个儿子。皇后郭圣通的内心逐渐失衡：为什么？为什么？难道我就不该被爱吗？当年如果没有我们家族的势力，他刘秀能坐上皇帝的宝座吗？

有了怨恨，就会表现在脸上，郭圣通时不时地甩脸子。一边是歇斯底里的郭圣通，一边是柔情似水的阴丽华，刘秀当然选择

后者。在天下平定四年之后，光武帝已经排除了一切不稳定的因素，决定废掉皇后郭圣通，立贵人阴丽华为后。

熟知历史的他看过了太多前朝的宫斗故事，知道等自己死了之后，如果郭圣通为皇后，她肯定会对阴丽华动手，至于会不会像吕后对戚夫人那样残忍，只有天知道。如果立阴丽华为皇后，以她善良的品行和宽广的胸怀，绝对不会对郭圣通下手，反而会厚待她的一家人。

郭圣通被废了，但是下场相对于以前的废后来说，还算不错，不仅被封为中山王太后，还依旧拥有自己的皇宫。她的娘家人封侯的封侯，领赏的领赏。无论是阴丽华，还是刘秀，都给予了郭圣通及其一家人足够的尊重。

母亲已经被废，刘彊地位非常尴尬，在别人的建议下，他主动提出让出太子之位。刘秀顺水推舟，改立刘阳（改名刘庄）为太子，封刘彊为东海王。

阴丽华与刘秀携手走过了乱世、新朝，历经了风风雨雨，感情却愈加深厚，为后世作出了榜样。刘秀去世之后，阴丽华一直善待郭圣通及其家人，儿子汉明帝刘庄也在她的影响下，对阴氏、郭氏的族人一视同仁，对废太子刘彊也非常尊重和关爱。

后宫的"卷"，"卷"的不一定是美人心计，也可以是仁者无敌。有了皇帝、皇后的榜样示范，下面一位大臣在感情上也表现得很专一。

05 别说了，谁也比不上我的原配

东汉初年，光武帝看着在战场上唯一活下来的姐姐——湖阳公主刘黄守寡在家，于心不忍：总不能让她孤独终老吧？得想办法给她搭建一个"非诚勿扰"的舞台，选一个好男人。他时不时跟大姐讨论朝中的那些大臣，暗中观察姐姐喜欢什么类型的——是偶像派，还是实力派？是奶油小生，还是沧桑大叔？如果姐姐有看中的对象，他也好针对性地做工作。

刘黄对一个温文尔雅、风度翩翩的大臣一见钟情，说道："宋弘的相貌品德，没人能赶上。"

光武帝笑了：姐姐的胃口不小，要的是拥有偶像外表的实力派，有眼光！宋弘年纪不大，却才能出众，担任大司空，封宣平侯。而且他为官清廉，把地租俸禄全都分给了族人，自己没有什么财产，所以口碑非常好。

光武帝对大姐说："别急，我来想想办法！"他想先探听一下男方有没有意向，于是召见了宋弘。刘秀让大姐躲在屏风后面，然后抛出话题："俗话说地位尊贵了就换朋友，家中有钱了就换老婆，这是人的本性吗（你现在地位这么高，也该多娶几个老婆了）？"

宋弘立刻明白了皇帝的意思，说道："贫贱之交不可忘，糟糠之妻不下堂。"我听说卑贱时的朋友不能忘记，共患难的老婆不可抛弃。（成语"糟糠之妻"出自《后汉书·宋弘传》，比喻共患难的妻子。）

宋弘委婉地拒绝了提亲，他要跟老婆永不分离，一辈子就爱一个人。事情不好办了，按理说，堂堂一国之君，要谁死都可以，何况是让大臣娶个老婆呢？这个老婆虽然结过婚，但毕竟是皇亲国戚、公主殿下，多少人会求之不得？光武帝却很通情达理：爱情嘛，得相互喜欢，强扭的瓜不甜。

后来湖阳公主奏请光武帝，皈依道教。刘秀在方城境内修了个道观——"炼真宫"，让大姐安心地修道。

宋弘到底是个什么样的人呢？居然这么有魅力，让公主喜欢，令皇帝敬佩。

刘秀即位后，宋弘为太中大夫（掌管议论的官），因为成绩突出而升任大司空。他不仅能力出众，还经常给皇帝推荐贤能之士。但是，推荐归推荐，如果选上去的人不干实事，宋弘绝不会姑息纵容。他曾经向皇帝推荐了桓谭，说桓谭才学丰富、见闻广博，能与扬雄、刘向父子相比。于是，光武帝召见桓谭并任用了他。

桓谭擅长各种流行乐器，光武帝听过他弹琴之后，深深地迷上了音乐，每次宴会都带上桓谭。宋弘听说后非常气愤：桓谭想干什么？我推荐他是想让他在皇帝身边建言献策，现在不干正事，反而显摆歪才，让皇帝沉醉在靡靡之音中！

等桓谭从宴会上出来，宋弘穿好上班的衣服坐在官衙内，派仆人去请桓谭。桓谭很兴奋：是不是又要推荐我了？宋大哥还真是讲义气。到了之后才发现，宋大哥脸色铁青，非常严肃，大声训斥道："我推荐你的目的，是想让你用品行与才能来辅助皇上。你倒好，经常弹些靡靡之音，让皇上忘记了正事。看来你不是一个忠诚正直的人。"

桓谭吓得扑通一声跪下，冷汗直冒："我错了，请您再给我一次机会！"

光武帝听说了这件事，也检讨自己的过失，说道："我历经千辛万苦才建立了新王朝，的确不该沉迷在享乐之中。大臣是用来理政的，不是用来搞'流行音乐'的。"于是，他放下皇帝的身段，郑重地向宋弘道歉。

宋弘不仅对朋友、大臣的失误能当面指正，还能对皇帝直言不讳。

有一次，光武帝一边跟宋弘说话，一边瞟着屏风前的一幅人物画，上面是个绝世美女。宋弘不高兴了：皇帝大人，一心不能二用啊，我在跟您讨论正事，您却嗑着瓜子赏美女。他故意调侃道："我还没有见过喜欢美德如同喜欢美色的人（如果皇帝陛下对有美好品行的人也能贡献这样的回头率就好了）。"

光武帝满脸通红：嘿，小宋批评得是。他赶紧命人撤掉屏风，笑着对宋弘说："听到符合道义的话就服从，怎么样？"我听到你的话，感觉说的有道理，马上就改正，你觉得我怎么样？

宋弘面露微笑，夸赞道："陛下能够持续修身养性，真乃国家的福气啊！"

在飞黄腾达之后，会有很多的诱惑，爱情也会变得不太稳定，但是，只要选对了人，相互吸引，相互依靠，谁也离不开谁，狠狠地爱下去。

06 你只管狠狠地爱我，哪怕是衣来伸手饭来张口

东汉初期，吴地（今江苏无锡境内）豪门望族皋伯通的偏房里，寄住了一对奇怪的小夫妻。男人长得比较清秀，淡定的眼神里射出自信坚毅；妻子长得比较难看，丑陋的外表下透着温柔贤惠，将住的地方里里外外打扫得一尘不染。每当男人"下班"回来，女人就会立即端来准备好的晚饭，将食物的托盘举得跟眉毛一样高，弓着身子，不敢直视老公，以示尊敬。

"房东"皋伯通感慨不已——这个男人不简单。他对人说道："那个雇工能让妻子对他如此敬畏，绝不是一个普通人。"得知男人乃是大名鼎鼎的梁鸿，皋伯通赶紧腾出条件更好的房间请男人跟他的妻子居住，并对梁鸿说道："你别去干杂活了，要钱我有，要房你住，你专心写书就行。"

这就是成语"举案齐眉"的来历，《后汉书·梁鸿传》记载："为人赁舂，每归，妻为具食，不敢于鸿前仰视，举案齐眉。"这个成语指送饭时把餐盘举得跟眉毛一样高，形容夫妻间互相敬重。

梁鸿生于东汉光武帝时期的扶风平陵（今陕西咸阳），他的父亲曾在王莽手下做过"京城门卫主管"（城门校尉），在梁鸿很小的时候就去世了。贫穷的一家人只能用席子卷起父亲的尸体，

直接埋入土中。长大之后的梁鸿进入了最高学府——太学读书，勤奋用功，努力上进，成为一个学富五车的大才子。但他性情古怪，喜欢自由，完成学业以后并未做官，而是成为养猪专业户。

有一次，他住的房屋失火，烧到了别人家的屋子。事后，梁鸿主动找到了受灾的人家，认真点算对方的损失，准备用自己养的猪来赔偿。受灾的人家看着眼前这个呆呆的读书人，觉得不敲一顿竹杠白不敲，故意说道："这几头猪能卖多少钱？能抵消咱们的损失吗？"

梁鸿想了想，说道："您看这样行不行？除了这几头猪，我也没什么别的财产了，要不我就在你家做杂工来抵债，可以吗？"

受灾的一家人很开心。从此以后，梁鸿埋头苦干做杂工，从早到晚，不敢有丝毫的懈怠。附近的邻居看不下去了：这也太欺负老实人了吧？几头猪已经能抵消损失了，还把人拿来当奴隶使唤，做人嘛，要厚道！

众人纷纷谴责受火灾的一家人，都称赞梁鸿忠厚老实，品质高尚。

受灾的主人这才意识到事情的严重性：唉，贪心不足蛇吞象，这下好了，搬起石头砸到自己脚上了。为了贪小便宜，搞臭了名声。于是，他赶紧将猪如数奉还，梁鸿却死活不要——欠债还钱，天经地义。为了不让别人为难，他干脆跑回了老家。

学识渊博、品质高尚的梁鸿名气越来越大，有钱有势的人家纷纷发来邀请函，要不做我家女婿如何？

梁鸿却摇摇头：不行，我要找一个能跟我同甘共苦、志趣相同的女人。娇滴滴的富二代，咱还看不上！在众多仰慕者中，一个姓孟的女人（暂且叫她孟女）进入了他的视野。

孟女的体型矮小壮实，皮肤黝黑，力气很大，能轻松举起石臼（舂米用的石头器具），活脱脱一个外形诡异的"女汉子"。乡里的人都不敢来提亲：这家伙要娶回家，还不把人吓死啊？

曾经一个落魄的书生饿晕在荒野，被孟女发现后，背回家，救活了。书生看到孟女虽然外貌不敢恭维，但是心地善良，家中富裕。为了从此以后衣食无忧，他自信满满地向孟家表达了求婚之意。孟父孟母开心极了：谢天谢地你来了，赶紧娶走，不要房子，不要彩礼，真正的"免费大派送"。

没想到剧情急速反转，孟女根本看不上书生，还将他数落一番："你们这些读书人，不缺胳膊不少腿，到处攀附权贵以求得一官半职。发达的时候，正眼都不瞧我们。失意时，却连饭都吃不饱，还痴心妄想娶老婆？我如果在这时候答应你的求婚，人家会说我乘人之危。你趁早断了这个念头！我不会嫁给你的！"

内心的小九九被看穿，书生无地自容，赶紧卷铺盖走人。

丑女拒绝才子，瞬间成了邻里乡间的爆炸性新闻。大家惊叹不已：没想到小孟姑娘还是个狠人啊！在讲究名节的东汉，孟女一下子成了婚姻市场上的抢手货。当地一家财主的儿子为了提升家庭的名气与地位，直接上门提亲，孟家人特别高兴：之前的书生心术不正，想借咱家做跳板，这下财主家儿子总可以了吧？

结果，孟女又拒绝了。财主的儿子恼羞成怒：什么玩意，这么丑居然还拒绝我这个富二代？他骂道："我上门求婚是抬举你，凭我的财富，找一个漂亮媳妇难道还成问题吗？"

孟女毫不示弱，直接反驳："有钱就了不起吗？模样丑是天生的，你有钱的确可以买到漂亮的，但你却娶不到我。"姐是你永远得不到的女人，就是这么傲气，就是这个性！

县令的小舅子听到消息，决定前去碰碰运气：财主家的儿子看着俗气，我这一表人才，斯文儒雅，想必小孟姑娘看得上。来到孟家，县令的小舅子嘴巴抹了蜜，直接夸赞道："哎呀，在下仰慕姑娘的高义（高尚的品德），实在佩服！"

孟女莞尔一笑：你还不是靠县令老爷才有了今天的风光，哪里来的自信？于是，她讽刺道："现在这风气，一人得道，鸡犬都能升天。高义怎比得上高官？我哪里值得您如此称道呢？"县令小舅子的脸唰地红了：唉，算你狠，走了！

一转眼，孟女已经三十多岁了。父母已经很不耐烦了：就你这姿色，还想找个白马王子吗？母亲问道："女儿啊，你到底要嫁个什么样的人呢？"

"我要么孤独终老，要么就嫁梁鸿那样的男人！"孟女的言论差点惊掉了父母的下巴：天啊，我们没听错吧？梁鸿的追求者那么多，怎么会看上你？

没想到，事情又出现了戏剧性的反转。听到传言的梁鸿竟然直接前往孟家下聘礼：小孟，我等的人就是你，嫁给我吧！

孟女激动得大嘴巴直抖："偶像"来了，真的来了，他还要娶我！哈哈，哈哈！

可是，新婚的一个星期，梁鸿却没正眼看过妻子。孟女很郁闷：我长得丑，是个人都知道的啊！难道老公娶我也是为了提升名气？不对啊，他的名气比我大。难道是我哪里做错了？于是，孟女扑通一声，跪在床前，诚恳地问道："夫君，我早就听说您有高尚的情操，对那些美女视而不见。而我虽然貌丑，也曾多次拒绝过别人的求婚。现在您把我娶回家门，却不正眼瞧我，我做错什么了吗？"

梁鸿瞥了瞥妻子全身上下的打扮，责备道："我要的女人是愿意穿上粗布衣服，同我一起隐居深山老林的人，咱们日出而作，日入而息。看看你现在的样子，穿着华贵的衣服，涂着厚厚的脂粉，这是安心隐居劳动的人吗？哪里符合我当初的意愿呢？"

原来老公喜欢素颜的我啊！从此以后，孟女弄乱了时髦的发型，穿上了朴素的衣服，拿着针线，缝补衣服；提起扫帚，清理房间；劈开木柴，烧饭炒菜……一切以丈夫为中心，一切以老公为重点。梁鸿摸了摸胡须，开心地笑了，说道："这才是我梁鸿的妻子嘛！"他给妻子取了个名字，叫孟光，字德曜，意思是她的美德如同光芒般闪耀。

梁鸿从此衣来伸手，饭来张口。自从有了孟光，他的生活扬帆起航，幸福满满，他把之前隐居山林的埋想抛到了九霄云外。孟光不乐意了，于是，她对梁鸿说道："以前常听您立志隐居世外，不愿做官，为何现在不行动？难道想要苟且偷生？想要沉迷世俗？"

梁鸿的脸红一阵，白一阵：唉，生活过得太滋润了，竟然把理想放弃了。大丈夫怎能言而无信？他立即说道："好！咱们隐

居山林。"他和孟光来到了霸陵的山中，梁鸿耕田，妻子织布。休息娱乐的时候，两人弹弹琴，读读书，赏赏景。过了几年，也许是山中生活贫穷，没有经济来源，两人准备前往富裕的吴地讨生活——大隐隐于市嘛！何必执着于山林呢？

路过京城洛阳的时候，梁鸿登上北邙山远望，看见华丽的宫殿，联想百姓的贫苦，写下了著名的《五噫歌》："陟彼北芒兮，噫！顾览帝京兮，噫！宫室崔嵬兮，噫！人之劬劳兮，噫！辽辽未央兮，噫！"繁华的京城、雄伟的宫殿之下，是无数贫困的百姓，他们有着无穷无尽的苦难。五个"噫"，五次叹息，饱含了梁鸿对世道的悲叹和斥责。

汉章帝想征召梁鸿：你这么会叹息，干吗不来朝廷里做点好事？梁鸿却不乐意：到了朝廷我还能有机会做好事吗？他改名换姓，到吴地打工，住在了皋伯通家旁边的小屋中。

自从皋伯通主动提出他来"刷卡"养家，梁鸿从此就闭门著书。他为自己的写作定下了两条原则：如果不是前代高人的著作，他不会去评论注释；如果不是抒发自己志向的内容，他也不会写成故作深沉的文字。

梁鸿死后，皋伯通买了一块地将他葬在吴地英雄——要离（春秋时期的"猛男"，帮助吴王阖闾成功刺杀政敌庆忌，却不愿意受赏，拔剑自刎）墓旁。意思很明确，要离刺杀成功而不接受赏赐，梁鸿天下闻名而不愿意做官，两人志趣相同，应该能在地下成为一对好朋友。

安葬完梁鸿，孟光带着孩子回到了扶风老家，后来不知所终。

参考文献

[1]　急脚大师 . 和古代学霸握个手［M］. 海口：南方出版社，2022.

[2]　急脚大师 . 和古代学霸握个手 2［M］. 海口：南方出版社，2023 .

[3]　急脚大师 . 古文其实可以笑着读［M］. 济南：济南出版社，2023 .

[4]　韩维忠 . 察举制度与两汉文学关系之研究［M］. 北京：世界图书出版公司，2014 .

[5]　司马迁 . 史记［M］. 北京：中华书局，2019.

[6]　司马光 . 资治通鉴［M］. 北京：中华书局，2019.

[7]　中华书局编辑部 . 名家精译古文观止［M］. 北京：中华书局，1993 .

[8]　(战国) 吕不韦 . 吕氏春秋［M］. 北京：中华书局，2016.

[9]　(汉) 班固 . 汉书［M］. 北京：中华书局，2012 .

[10]　房列曙 . 中国历史上的人才选拔制度［M］. 北京：人民出版社，2005 .

[11]　(南朝宋) 范晔 . 后汉书［M］. 北京：中华书局 . 2012 .